MW00810449

WITHDRAWN

ENGLEWOOD LIBRARY
31 ENGLE STREET
ENGLEWOOD, NJ 07631
201-568-2215
WWW.ENGLEWOODLIBRARY.ORG

Abrirse
a canalizar

SANAYA ROMAN y DUANE PACKER

Abrirse
a canalizar

Cómo conectar con tu guía espiritual

EDICIONES OBELISCO

Si este libro le ha interesado y desea que le mantengamos informado
de nuestras publicaciones, escríbanos indicándonos qué temas son de su interés
(Astrología, Autoayuda, Ciencias Ocultas, Artes Marciales, Naturismo,
Espiritualidad, Tradición…) y gustosamente le complaceremos.

Los editores no han comprobado la eficacia ni el resultado de las recetas, productos,
fórmulas técnicas, ejercicios o similares contenidos en este libro. Instan a los lectores a consultar
al médico o especialista de la salud ante cualquier duda que surja. No asumen, por lo tanto,
responsabilidad alguna en cuanto a su utilización ni realizan asesoramiento al respecto.

Puede consultar nuestro catálogo en www.edicionesobelisco.com

Colección Salud y Vida natural
Abrirse a canalizar
Sanaya Roman y Duane Packer

1.ª edición: septiembre de 2021

Título original: *Opening to channel*
Traducción: *Juli Peradejordi*
Maquetación: *Marga Benavides*
Corrección: *Sara Moreno*

© Sanaya Roman y Duane Packer
Primera edición publicada en Estados Unidos en 1987
por HJ Kramer, New World Library
(Reservados todos los derechos)
© 2021, Ediciones Obelisco, S. L.
(Reservados los derechos para la presente edición)

Edita: Ediciones Obelisco, S. L.
Collita, 23-25 Pol. Ind. Molí de la Bastida
08191 Rubí - Barcelona - España
Tel. 93 309 85 25
E-mail: info@edicionesobelisco.com

ISBN: 978-84-9111-778-0
Depósito Legal: B-11.503-2021

Impreso en España en los talleres gráficos de Romanyà/Valls, S. A.
Verdaguer, 1 - 08786 Capellades (Barcelona)

Printed in Spain

Reservados todos los derechos. Ninguna parte de esta publicación, incluido el diseño
de la cubierta, puede ser reproducida, almacenada, transmitida o utilizada en manera alguna
por ningún medio, ya sea electrónico, químico, mecánico, óptico, de grabación
o electrográfico, sin el previo consentimiento por escrito del editor.
Diríjase a CEDRO (Centro Español de Derechos Reprográficos, www.cedro.org)
si necesita fotocopiar o escanear algún fragmento de esta obra.

Para todos aquéllos de vosotros que os abrís a canalizar,
por vuestro coraje y vuestra contribución
a toda la humanidad.

A nuestros lectores

Los libros que publicamos son una contribución para un mundo emergente basado más en la cooperación que en la competición, en la afirmación del espíritu humano y no en la duda, y en la certeza de que toda la humanidad está interconectada. Nuestro objetivo es alcanzar el mayor número de vidas posible con un mensaje de esperanza para un mundo mejor.

HAL y LINDA KRAMER, *editores*

Agradecimientos

Queremos dar las gracias y hacer un reconocimiento a nuestra amiga LaUna Huffines, a quien hemos visto convertirse en una excelente canalizadora y que nos acompañó durante muchas de nuestras canalizaciones, por su luz, ayuda e ideas; y a nuestros amigos Ed y Amerinda Alpern por la alegría de verlos crecer y desarrollarse como canalizadores y por su apoyo constante.

También estamos agradecidos y hacemos un reconocimiento a nuestros asistentes en los cursos de canalización: Ed Alpern, Julie Anello, Sandy Chapin, Lynn Crawford, Cindy Haupert, Judy Heckermman, Collen Hicks, Johanna Holmes, Rhonda Holt, Rikki Kirtzner, JoAnne Marsau, Sue Maywald, Linda Merrill, Patrice Noli, Jill O'Hara, Tom Oliver, Bob Ornelas, Nina Page, Shirley Runco, Vincent Star, Leah Warren, Phillip Weber y Cheryle Winn.

Queremos mostrar un agradecimiento especial a: la doctora Linda Johnston, Jan Shelley, Wendy Grace, Scott Catamas, Cheryl Willams, Nancy McJunkin, Sandy Hobson, Eva Roza, Mary Beth Braun, Mari Ane Anderson, Mary Pat Mahan, Stacey Mattraw, Michele Abdoo, Evanne Riter, Trudie London, Roberta Heath, Ronnie Rubin, Margo Chandley, Susan Levin, Eve y Lloyd Curtis, Jane Wanger, Loretta Ferrier, Sheila y Earl Babbie, Rob Firedman y Sally Deutscher.

Agradecemos a Georgia Schoroer su maravillosa ayuda en la administración de la oficina y sus muchas contribuciones a LuminEssence y a nuestras vidas. También damos las gracias a Alois Landau, Sara McJunkin, Adine Thoreen y Shirley Runco. A Denise Laws por la transcripción de las grabaciones; a Debra Ross por el diseño y los gráficos y a David Duty y Jeanie Cragin.

Queremos dar las gracias a la comunidad de la Nueva Era, de Maui, incluyendo a Romi Fitzpatrick, por su apoyo y maravilloso círculo de agradecimientos mientras escribíamos este libro; a la comunidad de canalizadores de Dallas, incluyendo a Jean St. Martin, por su coraje para abrirse a ser canalizador, y por el apoyo y los amigos que hallamos en esa hermosa ciudad; y a la gente maravillosa de Mt. Shasta, incluida Dorothy Kingsland, por su apoyo y por su estímulo.

Muchas muchas gracias a Hal y Linda Kramer por ofrecernos tanto apoyo y por ser tan agradables como compañeros de trabajo; a Greg Armstrong por su edición del texto y sugerencias, y a Elaine Ratner y Linda Merril. Muchas gracias a Abigail Johnston, por su imaginativo diseño del libro, y a Judith Cornell, por su magnífico trabajo artístico.

Expresamos nuestro reconocimiento a todos los que han seguido nuestro curso de canalización, por su voluntad para ponerse al frente de una nueva conciencia, y agradecemos sus relatos. Queremos expresar nuestro reconocimiento a todos los que os iniciáis como canalizadores a partir de este libro, por vuestro valor y deseo de crecer. Nos encantará recibir vuestras historias.

Deseamos dar las gracias a todos los que nos han precedido, en especial a Jane Roberts y a Edgar Cayce, y a todos los canalizadores que ofrecen actualmente su trabajo al mundo.

Gracias a vosotros, Orin y DaBen, que habéis hecho posibles el presente libro y este camino para que todos lo sigamos.

Prólogo

«Desde que comencé a ser canalizadora, mi corazón se encuentra casi siempre abierto. Veo el mundo de un modo diferente. La gente me parece mucho más amigable y me siento más dispuesta a ser yo misma; he conocido a muchas personas maravillosas; aún no puedo creer lo bien que me siento».

Una mujer después de conectar con su guía

Ser canalizador puede cambiar tu vida

El presente libro contiene un mensaje: la capacidad de ser canalizador es una habilidad que puede aprenderse. Ser canalizador implica alcanzar un estado de consciencia mayor que nos permite conectarnos con un guía de nivel superior, o con tu yo superior o tu fuente. Para canalizar no precisas haber evolucionado espiritualmente o sido clarividente durante toda tu vida; sólo necesitas paciencia, perseverancia y el fuerte deseo de establecer la conexión.

Te animamos a ser un canalizador consciente de lo que dice tu guía. Aprenderás a elevar tus vibraciones para sentir, ver o escuchar en los planos superiores de los guías, y a transmitir mensajes de manera consciente. En el pasado, los términos «médium» o «clarividente» se utilizaban para referirse a contactar con los guías; estas palabras han sido reemplazadas por el vocablo «canal». El término «canalizar en trance» a veces se utiliza para referirse a los actos del canalizador realizados en transcurso de un trance; para los propósitos de este libro, simplemente utilizaremos la palabra «canalizar».

¿Es la canalización algo real? Hay cientos de historias sobre científicos que intentan demostrar la falsedad de los fenómenos paranormales, y que luego quedan convencidos de que existe algo más que no pueden comprender; muchos se convierten en defensores de la capacidad de ser canalizador, o incluso se convierten en canalizadores. Aunque tal vez no haya una forma de demostrar si dicha capacidad es real o no, en el sentido estricto de la palabra, hemos visto a muchas personas que la utilizan para obtener resultados positivos en su vida.

En los últimos años, nosotros y nuestros guías, Orin y DaBen, hemos enseñado a cientos de personas a ser canalizadores, y las hemos seguido en el desarrollo de su habilidad para canalizar. Esta gente tiene una cosa en común: un intenso deseo de ser canalizadores. De manera invariable, nos han informado que esto cambió su vida para bien. Aseguran que pueden percibir un panorama más amplio, un mundo con aspectos más positivos. Nos dicen que han encontrado más compasión para sí mismos y para los demás. Casi todos ellos han experimentado una mayor prosperidad gracias a los cambios que han realizado en su vida debido a las nuevas actitudes, a la visión de su propósito y a un mayor nivel de confianza en sus mensajes interiores. Hay personas que aseguran que la plenitud «ocurrió de pronto», que sintieron que fluían con la corriente en vez de luchar contra ella. Poco a poco, la gente ha comenzado a encontrar que su vida ocupa un orden superior, que tiene mayor significado y propósito. Muchos han podido descubrir que canalizar es lo que buscaban como el gran paso, y vehículo, hacia la iluminación.

Hemos visto un caso tras otro de enorme crecimiento personal y espiritual después de que la gente aprendiera a canalizar. Hemos visto que no sólo la vida interior de las personas –sus relaciones, sentimientos y sensación de autoestima– se ha vuelto más positiva, sino también su vida exterior. Los padres son más conscientes de cómo ayudar a sus hijos a desplegar su potencial. Los maridos y las esposas empezaron a comunicarse a nuevos niveles y a desarrollar vínculos más profundos entre ellos. La gente encontró más fácil ayudar a otras personas, comprender y perdonar. Crearon lugares para vivir, trabajos y carreras que estaban más en consonancia con lo que eran y con lo que les gustaba hacer.

Las canalizaciones ayudan a las personas a encontrar su orientación más elevada y ofrecen la ayuda para alcanzarla. Aún no hemos descubierto límites en los sitios a los que las personas pueden llegar con su habilidad de canalizar, los descubrimientos que pueden realizar, la información que son capaces de desvelar o el grado de desarrollo personal que pueden alcanzar.

Orin y DaBen desean ayudarnos a que se despoje de todo temor y misterio a la capacidad de canalizar. Nadie de aquéllos a los que hemos enseñado ha tenido una mala experiencia con un guía. Todos ellos cumplieron con sus intenciones de conectarse con guías de niveles superiores. Todos utilizaron los procesos de este libro, que fueron diseñados para crear una apertura sin peligro.

Te invitamos a utilizar la presente información como un punto de partida que te ayude a tener confianza y abrirte más a tu propio guía. Utiliza lo que se ajuste a tu experiencia y descarta lo que no lo haga. Recuerda que lo que estás leyendo es nuestra verdad tal y como la hemos experimentado. Si necesitas más información, pregunta a tu guía o a tu ser superior y confía en la información que recibas. Las experiencias de canalización son tan vastas que es imposible contenerlas todas en un solo libro. Cada vez se escribe más acerca de los canalizadores a medida que exploramos, descubrimos y jugamos en estos planos superiores. Respeta tus propias experiencias, permanece fiel a tu integridad.

Al abrirte a la canalización, facilitarás que otras personas hagan lo mismo. Muéstrate dispuesto a aventurarte de un modo gozoso y libre para alcanzar niveles cada vez más elevados de sabiduría abriéndote a la canalización. Te damos la bienvenida a la maravillosa aventura que te espera.

Cómo utilizar este libro

Este libro puede utilizarse como un curso para aprender a canalizar. Está dividido en cuatro secciones. La sección I, «Introducción a la canalización» (capítulos 1 al 5), proporciona información de fondo sobre la canalización: lo que sentirás, quiénes son los guías, cómo se comunican los guías contigo y cómo saber si estás listo para canalizar. La Sección II, «Apertura a la canalización» (capítulos 6 al 9), puede utilizarse como un curso para aprender a canalizar. Si eres capaz de realizar con éxito los dos primeros ejercicios del capítulo 6 («Lograr un estado de relajación» y «Mantener el enfoque y la concentración») podrías completar los ejercicios restantes del capítulo 6 y pasar al capítulo 7 y comenzar a canalizar verbalmente en una tarde. Prosigue a voluntad, termina el curso cuando lo desees: en una tarde o en unas semanas.

La sección III, «Relatos sobre la apertura a la canalización» (capítulos 10 al 13), te cuenta cómo empezamos a canalizar e historias de algunas de las personas a las que hemos enseñado a canali-zar. Las historias ilustran algunos de los problemas comunes que la gente tiene cuando se abre a canalizar e incluyen los pasos que puedes seguir si te encuentras con estos problemas. La sección IV, «Desarrollo de tu canalización» (capítulos 14 al 17), te ofrece la orientación de Orin y DaBen sobre cómo desarrollar tu canaliza-ción, respuestas a preguntas, dudas o temores que puedan surgir e ideas sobre los cambios que puedes experimentar después de la apertura. Estos cambios incluyen una aceleración del crecimiento espiritual y cambios en el cuerpo físico. El apéndice te ofrece su-gerencias de recursos que te serán de ayuda, incluyendo música de terceros y programas y libros de Orin.

Sanaya[1] y Duane

---

1. Se pronuncia Sa-nai-a.

Introducción

¿Por qué enseñar a canalizar?

SANAYA Era el 23 de noviembre de 1984, el día siguiente al de Acción de Gracias. Había un ambiente expectante que había empezado desde la víspera, cuando nosotros y unos amigos, durante esa celebración, jugamos, canalizamos y meditamos juntos. Todos, a través de la canalización, recibimos la información de que nos aguardaban nuevas cosas. Nuestros amigos, Ed y Amerinda, predijeron que ese día nacería su bebé. Todos habíamos sintonizado con el viaje de la nueva criatura a la encarnación física y lo habíamos compartido. Para todos nosotros, el tema de ese fin de semana fue el nacimiento y el renacimiento.

Duane y yo decidimos pasar algún tiempo juntos, para estar a solas y descansar de las clases que impartíamos y de los compañeros de trabajo. Llevamos el bote inflable de Duane a un lago cercano. El clima era cálido para ser un día de noviembre en el norte de California. Nos sentíamos en paz y descansados, y decidimos canalizar juntos antes de partir. Meses antes habíamos preguntado a nuestros guías, Orin y DaBen, cuál era el propósito superior de nuestras vidas.

Orin, de manera bastante inocente, nos habló de ciertas cosas rutinarias relativas a unas cuestiones personales a las que debíamos prestar atención. Luego preguntó si deseábamos saber cómo podíamos servir realmente a la humanidad y, al mismo tiempo, alinear las metas personales con nuestros senderos espirituales. ¡Por supuesto que deseábamos escuchar más! Orin comenzó a contarnos lo que le esperaba a la humanidad, explicó los cambios en la galaxia, el universo y las energías que afectaban a la tierra. Comentó algunos de los inminentes cambios en las vibraciones y el impacto que tendrían en el destino del hombre, y aclaró cómo descubrirían las personas la alegría en medio de estas alteraciones. En ocasiones, Orin se interrumpía y DaBen, el guía de Duane, como si hubiese recibido una señal, continuaba con el discurso de Orin sin perder la ilación.

En esencia, nos dijeron que un gran número de personas se abrirían a la canalización en los siguientes cinco años, y que muchas más experimentarían el impulso de conectarse con sus guías en la próxima década. Explicaron que el yo espiritual de la humanidad estaba despertando, lo cual produciría un acelerado deseo de evolución y crecimiento espiritual. Nos dijeron que la gente necesitaría orientación no sólo para que les sirviera de ayuda en su apertura espiritual, sino también para comprender y utilizar las nuevas energías disponibles. Un «resplandor espiritual» empezaba a activarse en el aura de la humanidad. Más personas comenzaban a tener la posibilidad de alcanzar niveles superiores de conciencia y de hallar la iluminación.

Orin y DaBen consideraban que la canalización –conectarse con un guía de nivel superior y servir de medio para la información verbal– sería una de las claves para auxiliar a la gente que se abría espiritualmente. Esta capacidad les ayudaría a aprovechar al máximo las nuevas experiencias. Propusieron que, con su asistencia, empezáramos a enseñar a la gente a canalizar. Nos dijeron que el objetivo de la próxima era sería la habilitación personal y la experiencia directa. La gente aprendería a confiar en su guía interior, y muchos se abrirían de manera natural a la canalización. Las personas descubrirán que los maestros provienen de su interior, que son autogenerados y autodidactas, en vez de proceder del exterior. DaBen y Orin querían asegurarse de que aquellos que se abrieran a la canalización recibieran ayuda para conectarse con sus guías de niveles superiores, que aprendieran a reconocer dicho guía superior y que utilizaran su capacidad de canalizar para objetivos espirituales.

Nos sugirieron que impartiéramos un curso de canalización. Nos pidieron que nos preparáramos durante tres meses. Entonces podríamos enseñar a la gente; ellos nos ayudarían proporcionándonos información y meditaciones guiadas para preparar a las personas, así como en los procesos que podríamos utilizar en el curso. Si decidíamos enseñar canalización, nos pedían que nos comprometiéramos durante dos años para preparar las cosas, el tiempo que ellos necesitaban para encajar todas las piezas. Después, podríamos volver a evaluar nuestro deseo de continuar en esta trayectoria.

En aquella época, yo estaba impartiendo los cursos de vida en la tierra, una serie de lecciones de crecimiento espiritual dirigidas por Orin para ayudarme a mí y a los participantes a elevar nuestra conciencia. En retrospectiva, me doy cuenta de que estas clases preparaban a la gente para vivir en esferas de energía superior, abrir su corazón, liberar la negatividad y descubrir su propósito superior. Estas habilidades eran una buena preparación para desarrollar la canalización. No todos llegaron a ser canalizadores, pero muchos de los que siguieron los principios más elevados empezaron a sentir a los guías y a su yo superior, y deseaban establecer conexiones más fuertes y conscientes. Posteriormente, la información de estos cursos se convirtió en los libros *Living with Joy* y *Personal Power Through Awareness*, de Orin.

Hasta el día después de Acción de Gracias, Duane y yo no habíamos pensado en trabajar juntos ni en combinar nuestras habilidades. Sin embargo, cuanto más lo meditábamos, más natural nos parecía. Enseñar a la gente a canalizar parecía un reto interesante. ¿Podríamos hacerlo? ¿Podrían hacerlo nuestros guías? Sabíamos que Orin y DaBen podían ayudar a ciertas personas, de manera individual, a conectarse con sus guías porque ambos lo habían hecho con anterioridad, pero Duane y yo nunca habíamos enseñado a todo un grupo a abrirse a canalizar. Hasta ese momento, ayudar a que la gente se abriera a canalizar, en forma individual, había tomado meses de trabajo constante, sin embargo, en ese momento Orin y DaBen proponían que abriéramos a la gente durante un curso de fin de semana.

Nos preguntamos si no estaban siendo demasiado optimistas. Sabíamos que muchas personas consideraban que canalizar era algo muy difícil y que sólo unos cuantos individuos especiales podrían lograrlo. Algunos decían que se necesitaban años de preparación, o que sólo les ocurría a aquellas personas que sabían que eran clarividentes de siempre. Otros aseguraban que los guías superiores sólo venían para ayudar a seres especiales y que era más conveniente no pedir la presencia de un maestro superior que fuese un maestro de la curación. Orin y DaBen nos aseguraron que, debido a que éste era un momento de transición importante en la tierra, muchos guías superiores se hallaban presentes y deseaban ayudarnos. También dijeron que, en el pasado, la canalización requería años de preparación especial o se había dado sólo a personas que nacían con este don, y que hasta fechas recientes, no había suficientes guías disponibles. Pero en ese momento, por diversos motivos –cambios en el aura de la humanidad y cambios vibracionales de la propia tierra– era posible que muchas personas se conectasen con un guía y canalizaran.

Orin y DaBen nos dijeron que, cuando existía el deseo y la intención de hacerlo, la canalización era una habilidad que se podía aprender. No se necesitaban años de meditación, ser clarividente o haber vivido vidas pasadas como canalizadores para hacerlo. Deseaban enseñar a la gente a permanecer conscientes mientras canalizaban a un guía, para que pudiesen escuchar lo que transmitían y tuviesen control sobre los guías con los que se conectaban. De esta manera, la gente podría escuchar la sabiduría superior de sus guías y crecer espiritualmente. Consideraban que la gente se sentiría segura al hacer peticiones y pretender conectarse con un guía superior, o su propio yo superior, utilizando los procesos que ellos proporcionaban.

Duane dijo a DaBen que quería resultados comprobables y demostrables para la gente o, literalmente, «No lo haré». Quería estar seguro de que todos los que desearan canalizar de verdad podrían lograrlo, como aseguraban los guías. Pasamos un mes en estas discusiones. ¿Era posible? ¿Podríamos enseñar a muchas personas a la vez durante un curso de fin de semana, a abrirse a la canalización, a elevarse y entrar en contacto con sus guías de niveles superiores?

Orin y DaBen nos dieron tiempo para resolver a solas nuestras dudas y cuestionamientos antes de darnos más indicaciones. Preferían dejarnos resolver por nosotros mismos cada situación, y acudir a ellos después de que hubiésemos agotado todos nuestros recursos. Según nuestra experiencia, los guías no limitan la iniciativa individual, sino que la favorecen y estimulan. Decidimos enseñar a las personas a canalizar y esperar a ver lo que sucedía. Orin y DaBen aseguraron que las personas no tardarían mucho en conectar; que era mucho más sencillo de lo que se creía. Querían que ayudásemos a la gente a traspasar el umbral. Conforme resolvíamos nuestros cuestionamientos, los procesos mismos y la estructura del curso convergieron con facilidad gracias a la guía de Orin y DaBen. Finalmente, accedimos a impartir el curso siempre que hubiese personas interesadas. Nunca llegamos al lago para navegar, pero nuestros amigos tuvieron a su bebé aquel día posterior al de Acción de Gracias. Fue un nuevo principio para todos.

La primera clase tuvo un gran éxito. Todos aprendieron a canalizar, y durante los dos años que siguieron, enseñamos a cientos de personas a canalizar con nuestros cursos. Ahora estamos convencidos de que canalizar es una habilidad que puede aprenderse. Estas personas han salido de todos los ámbitos de la sociedad y de profesiones muy distintas. Abarcaban todas las edades, desde los 18 hasta los 70 años. Como aseguraron nuestros guías, la gente podía aprender a canalizar sin necesidad de años de meditación, preparativos previos, experiencias mediúmnicas o, en algunos casos, aun sin tener mucha conciencia de lo que era la canalización. Pero lo que todos tenían en común era el intenso deseo de conectarse con un guía.

Las personas podían conectarse con guías de niveles superiores, y lo hacían con más facilidad de lo que cualquiera hubiese anticipado. Nos hemos mantenido en contacto con muchas de ellas y las hemos visto crecer y cambiar. Nos han planteado gran cantidad de preguntas. Nos han proporcionado información sobre las dudas, retos, rechazos, despertar espiritual y sueños que han encontrado a su paso por la experiencia de canalizar. Mediante estas experiencias, y las nuestras, y con la constante guía de Orin y DaBen, hemos descubierto muchas maneras para convertirnos en canalizadores plenamente conscientes.

Orin y DaBen nos dijeron después que deseaban enseñar a la gente a canalizar a través de un libro. Querían que compartiésemos todo lo que habíamos aprendido y los procesos que nos brindaron, para que aquellos que desearan canalizar tuvieran una guía disponible. Hemos compartido con vosotros los procesos utilizados en el curso, especialmente preparados por Orin y DaBen para este libro, para que conectes con tu guía sin necesidad de hacer el curso. Tendrás su energía disponible sólo con solicitarla. Aunque al principio dudábamos de que las personas pudieran aprender de un libro, Orin y DaBen nos aseguraron que era posible. Nos dijeron que los guías y los seres superiores ayudarían a establecer las conexiones, y que los dominios superiores proporcionaban mucha ayuda para que la canalización fuese posible para todos.

Anteriormente, Orin y DaBen nos hicieron preparar un libro para el curso que impartimos, y gran parte está incluido aquí. Nos enteramos de que muchas personas estaban poniendo en circulación el libro y empezamos a saber de gente que tenía aperturas espontáneas sólo con leerlo. Una mujer lo estaba leyendo durante un viaje en avión de vuelta a casa. Con cierto escepticismo, puso el libro en su regazo y dijo: «Si eres real, guía, dame tu nombre». De la nada, oyó que una voz le daba un nombre y sintió un enorme flujo de energía. En ese instante, cambió sus creencias sobre la canalización y comenzó a buscar el modo de conectarse con los guías espirituales. Muchas otras personas han utilizado los procesos de este libro y se han conectado con sus guías.

Este libro se centra en cómo canalizar un guía. Si deseas canalizar a tu ser superior en lugar de un guía, pide que haya una conexión cuando comiences los procesos. Quizá te interese leer el libro de Orin, *Spiritual Growth: Being Your Higher Self,* que te ayuda específicamente a conectar con tu ser superior, a canalizarlo y a SERLO.

Tú también puedes aprender a canalizar un guía o ser superior; también es posible que recibas guía, inspiración y establezcas un enlace con esta fuente de sabiduría. Si deseas esta conexión, empieza a pedirla desde ahora. Este libro está diseñado para enseñarte a canalizar compartiendo relatos, información canalizada y procesos. A medida que avances en el libro, notarás que algunas partes te resultan más importantes, o bien que parecen guardar mensajes especiales. Deja que éstas sean los primeros mensajes que recibas de tu guía para ayudarte a establecer tu conexión con él.

SECCIÓN I

INTRODUCCIÓN A LA CANALIZACIÓN

1 BIENVENIDO A LA CANALIZACIÓN

¿Qué significa canalizar?

ORIN Y DABEN   ¡Bienvenidos a la canalización! Abrir tu canalización a las esferas superiores te brindará oportunidades extraordinarias, ya que la canalización es un medio poderoso para el desarrollo espiritual y la transformación consciente. Al canalizar construyes un puente hacia las esferas superiores: una consciencia colectiva superior, amorosa, cariñosa y con un propósito, que ha sido llamada Dios, todo-lo-que-es, o la mente universal.

Con la canalización puedes acceder a todas las ideas, conocimientos y sabiduría que se conocen y se conocerán siempre.

Cuando «canalizas», accedes a estas esferas superiores conectándote con un guía de nivel superior o con tu ser superior, que hace que esta vibración superior baje y sea más accesible para ti. Canalizar implica cambiar de forma consciente la mente y el espacio mental para lograr un estado de consciencia expandido denominado «trance». Para lograr el espacio de trance canalizador, tendrás que aprender a concentrarte, dejar de lado tus propios pensamientos y ser receptivo al guía superior. En este estado receptivo te conviertes en el recipiente para contener las energías superiores que puedes utilizar para crear el bien. Tienes una capacidad innata para llegar a estas esferas superiores; te conectas directamente con ellas en momentos de inspiración, orientación interior y creatividad. Aunque es posible que no puedas llegar a estas esferas con la facilidad y la frecuencia que te gustaría, los guías pueden ayudarte a desarrollar tu don natural de conectar con las esferas superiores. Lo hacen dándote un impulso de energía, proporcionándote oportunidades de crecer en nuevas direcciones, actuando como maestros e intérpretes y mostrándote cómo perfeccionar tus habilidades para navegar en las dimensiones superiores. Los guías pueden ayudarte a llegar a lo más alto de una forma que sea cómoda y esté alineada con tu propósito superior.

Tu guía es un amigo que siempre está ahí para amarte,
animarte y apoyarte.

Tu guía te animará y te ayudará a descubrir poco a poco tu propio conocimiento interno. A medida que continúas conectando con tu guía, construyes una conexión constante más fuerte, abierta y perfeccionada con las esferas superiores. A medida que la vibración superior fluya directamente en tu mente, tendrás intuiciones más frecuentes y fiables de orientación interna o conocimiento.

La canalización es una puerta de entrada a más amor; las esferas superiores están llenas de amor. La canalización es una conexión que te estimulará, animará y apoyará. El objetivo de tu guía es que seas más creativo, independiente y confiado. Las cualidades de una relación perfecta –de amor constante, comprensión perfecta y una compasión infinita– son las que encontrarás en tu guía.

La canalización te proporcionará el sabio maestro
que buscas, uno que viene de dentro y no de fuera.

La canalización puede proporcionar una mayor comprensión, ayudándote a encontrar respuestas a preguntas como «¿Por qué estoy aquí?» y «¿Cuál es el sentido de la vida?». La canalización es como subir a la cima de una montaña donde se puede tener una mayor panorámica. Es una forma de descubrir más sobre la naturaleza de la realidad, de aprender sobre ti mismo y sobre los demás, y de ver tu vida desde una perspectiva más abarcadora, que te ayudará a descubrir el significado superior de las situaciones en las que te encuentras. Tu guía te ayudará a encontrar respuestas a todo tipo de cuestiones, desde las más cotidianas hasta las más difíciles de tipo espiritual. Puedes utilizar la canalización para sanar, enseñar y expandir tu creatividad en todas las áreas de tu vida. A medida que accedas a las esferas superiores, podrás comunicar grandes conocimientos, sabiduría, inventos, obras de arte, filosofía, poesía y descubrimientos de todo tipo.

Nosotros, Orin y DaBen, somos seres de luz. Existimos en las dimensiones superiores, y nuestro objetivo es ayudarte a abrir tu vuestra canalización a estas dimensiones para que puedas evolucionar más rápidamente. Sentimos un gran amor por ti y nos preocupamos por que crezcas y te eleves con la mayor facilidad y alegría posible. Hemos creado este curso con el propósito de conectarte con tu propio guía o yo superior.

Queremos ayudarte a entender qué es la canalización y cómo puedes desarrollar esta habilidad natural. Es más fácil de lo que crees, y como se percibe como algo tan natural, algunas personas tienen dificultades para creer que se han conectado con un guía o con su ser superior cuando empiezan.

La información de este libro te ayudará tanto si estás pensando en la canalización por primera vez como si has pasado años de autodescubrimiento. Te ayudará a discernir la diferencia entre los guías de nivel superior y las entidades menos evolucionadas y a determinar si el consejo que recibes de un guía es o no digno de confianza. Te enseñará a conectar con tu guía más elevado posible. Si lo deseas, queremos proporcionarte la oportunidad de convertirte tú mismo en un canalizador.

Los guías superiores te animan a confiar en tu guía interior incluso por encima de sus consejos.

Te recomendamos que a medida que lees este libro, utilices sólo la información que resuene en lo más profundo de tu ser y descartes cualquier otra que no lo haga. Confía en tu guía interior y en sus mensajes. Eres es un individuo único y especial, con un potencial ilimitado. Te invitamos a descubrir más plenamente tu propia divinidad.

Lo que la canalización hará y no hará por ti

ORIN Y DABEN La canalización puede ayudarte a cambiar el mundo. Esto no significa que dejes de luchar si eliges seguir haciéndolo. Significa que aprenderás cómo hacer las cosas sin esfuerzo si así lo deseas. No significa que todo vendrá simplemente a ti, que puedes relajarte y no hacer nada. Significa que puedes obtener un mayor sentido de lo que quieres crear y encontrar formas más fáciles de lograrlo. Si sigues los consejos de tu guía y continúas canalizando, se producirán cambios en tu naturaleza emocional y tendrás sentimientos de tristeza, ansiedad, preocupación o miedo con menos frecuencia.

Los guías superiores no te dominan ni te controlan.

La canalización no resolverá todos tus problemas. Sólo te cambiará en la forma en que quieras cambiar tú mismo. Eres tú quien hará uso de las palabras de sabiduría. Tú eres el que va a pasar a la acción, hacer el trabajo y llevarlo al mundo. Seguirás siendo el responsable de tu vida. Canalizar no es una cura para todo ni un fin en sí mismo. La canalización, como hemos dicho, simplemente acelera tus oportunidades y lecciones de crecimiento. Puede que te encuentres reexperimentando y finalmente aclarando muchos de los viejos problemas de tu vida. Aunque algunas de estas experiencias pueden no ser cómodas al principio, al final se traducirán en una mayor alegría y poder. Estate abierto a los pequeños cambios. Verás que tus esfuerzos se ven recompensados más allá de tus expectativas. Puede que descubras que incluso el más mínimo esfuerzo para seguir las indicaciones de tu guía y sus directivas producirán grandes cambios y recompensas. Estas recompensas no siempre serán de la forma que esperas, así que estate abierto a las sorpresas agradables.

Canalizar te ayudará a aprender a amarte más a ti mismo.

La canalización no garantiza que la gente te quiera, ni tampoco garantiza la fama o la popularidad. Sin embargo, la canalización te permite comprender a los demás de una manera más compasiva. Podrás observarte a ti mismo objetivamente, libre de tus prejuicios normales; esto te enseñará a amarte más. La canalización te ayudará a ampliar y aclarar el camino de tu alma. En este camino más elevado, es posible que experimentes la fama, el reconocimiento y la popularidad, pero no tendrán la misma importancia que antes.

Para qué puedes utilizar tus canalizaciones

ORIN Y DABEN Además de canalizar para obtener sabiduría superior y guía personal, algunas personas utilizan la canalización para sus esfuerzos creativos, como escribir obras de teatro, música o letras de canciones; y pintar, esculpir, hacer cerámica y trabajos manuales de todo tipo. Los guías de algunas personas les ayudan por medio de consejos, enseñanzas, terapia, curación o trabajo corporal. Algunos utilizan el estado de canalización y la vibración superior de su guía para expandir su creatividad en la actuación, la dirección y la producción de eventos de todo tipo. Cada guía y cada conexión son diferentes, especiales y únicos. Algunos guías son poéticos, otros son inspiradores y otros son instructivos. Algunos de vosotros podéis ser capaces de canalizar libros o escribir con tanta facilidad que los libros parecen «escribirse» para vosotros, ya que la canalización parece ser ideal para la escritura. La canalización te ayuda a conectarte con una fuente constante y estable de inspiración e información.

La creatividad se potencia enormemente
con la canalización.

Algunos artistas nos dicen que, manteniendo un estado leve de trance, pueden atraer a sus guías y canalizar con los ojos abiertos. Sus pinturas o esculturas parecen aparecer en visiones incluso antes de que sus manos comiencen a moverse. Algunos artistas sienten que sus manos se mueven instintivamente para realizar las imágenes que están en su mente. Muchos han sentido un estado de consciencia ligeramente alterado, en el que se hallaban más relajados y más conscientes de una riqueza de impresiones que iba más allá de sus experiencias normales.

A muchos músicos les resulta más fácil escribir música después de haber aprendido a canalizar. Descubren un sentido más profundo de su estilo personal. Algunos descubren que el estado de trance en el que entran para crear su música es un estado de canalización natural. Conectar con sus guías mejora y refina este estado, y les ayuda a fluir con su música creándola así de manera instintiva y no racional. Un conocido músico canalizó dieciséis pistas musicales en momentos distintos, y todas encajaron a la perfección en el primer intento.

La gente ha utilizado su capacidad de sintonizar con la sabiduría superior para descubrir qué ejercicios, dietas, alimentos y disciplinas mentales son los más adecuados para ellos. Te animamos a que puedas descubrir por ti mismo todas las diferentes formas en las que puedes lograr utilizar esta conexión con las esferas superiores.

¿Cómo saber si estás preparado?

ORIN Y DABEN Las personas que se convierten en buenos canalizadores disfrutan pensando por sí mismos, son independientes y les gusta tener el control de su vida. Las personas que se vuelven expertas en la canalización suelen ser muy curiosas y de mente abierta. Son conscientes, sensibles y están en contacto con sus sentimientos. Son seres que disfrutan aprendiendo y abriéndose a nuevas habilidades y conocimientos. Son personas involucradas en campos creativos de todo tipo: son canalizadores naturales, sanadores, terapeutas, poetas, músicos, artistas, planificadores, diseñadores, etc. Las personas que canalizan provienen de todos los ámbitos de la vida, de todas las profesiones. Las cualidades más valoradas por los guías son la dedicación, el entusiasmo y la voluntad de ser canalizador. Aquéllos de vosotros que seáis inteligentes o intuitivos, que os guste pensar por vosotros mismos, que valoréis la verdad y que podáis reconocer la sabiduría superior os convertiréis en excelentes canalizadores.

Las personas que canalizan son amables con los demás. Son sinceros y trabajadores. Se entusiasman cuando se involucran en nuevos proyectos. Tienen una gran imaginación y les encanta soñar o fantasear. Parecen capaces de anticiparse a las necesidades de los demás y se preocupan por su familia y amigos. En sus relaciones a veces son incapaces de distinguir entre la realidad y la fantasía, porque a menudo ven el potencial de las personas en lugar de lo que éstas son en el momento presente.

Los guías te ayudarán a alcanzar nuevos niveles de poder personal y crecimiento espiritual.

Una persona que es capaz de hacer cosas es muy valorada. Nosotros no esperamos que tu vida funcione a la perfección, ya que parte de nuestro compromiso contigo es ayudarte a poner tu vida en orden. Pensamos que hacer que tu vida funcione es algo importante para ti. Preferimos conectarnos con aquéllos a los que les gustaría tanto nuestro trabajo juntos que lo harían como una diversión. Buscamos a aquellos que agradezcan la oportunidad de tener esta conexión.

Los guías más elevados nos acercamos a aquellos que utilizan y valoran la información aportada de la mejor manera posible. Estamos interesados en las personas que tienen intereses espirituales, perseverancia y entusiasmo. Como guías de nivel superior, estamos aquí para cambiar las cosas, para servir a la humanidad y para trabajar contigo en una empresa cocreativa. Nos tomamos muy en serio nuestro compromiso contigo y haremos todo lo que esté a nuestro alcance para ayudarte. Esperamos que también tú te tomes en serio tu compromiso y nuestro trabajo juntos. Valoramos mucho a los que dedican tiempo y energía a nuestro trabajo conjunto, porque ése es el mayor regalo que nos puedes ofrecer.

El deseo de ayudar a los demás y la preocupación por su bienestar también ayuda a atraer a un guía de nivel superior. La canalización sirve a los demás de una forma u otra, elevando la vibración del mundo que te rodea. Cualquiera de vosotros que esté ayudando a los demás de alguna manera –a través de sus negocios, vidas personales o familiares, o a través de sus esfuerzos creativos– podrá atraer a un guía de nivel superior. A medida que sanes y ayudes a los demás en el grado que desees, tú también crecerás.

No te sientas intimidado ni dudes de tu capacidad para atraer un guía de nivel superior, porque somos muchos y estamos aquí para servirte. Haremos todo lo posible para ayudarte a llegar a nosotros una vez que hayas indicado el deseo de hacerlo. Estamos interesados en llevar una consciencia más elevada a la humanidad, y también te llevaremos a ti una consciencia más elevada.

La gente que canaliza declara sentirse más firme,
estable y dueña de su vida.

Algunas personas temen que si aprenden a canalizar se volverán demasiado «lejanos» o «ausentes» y perderán el contacto con la realidad. Nos dicen que ya tienen problemas para manejar los detalles cotidianos y que necesitan tener los pies en la tierra. Hemos observado que la canalización ha ayudado a las personas a sentirse más ancladas a la realidad, más centradas y más capaces de lidiar de un modo eficaz con su vida diaria.

Algunas personas temen que si canalizan o se conectan con su guía, pueden perder su identidad personal o ser «engullidas» por la presencia del guía. Los guías de nivel superior nunca querrán controlar tu vida. La canalización no es una cesión del control. Los guías tienen su propia vida, y su intención es ayudarte en tu camino espiritual. Mantendrás tu propia identidad, y es probable que encuentres que tu sentido de ti mismo mejore enormemente. Podrás establecer límites y definir tus fronteras personales con los demás de manera más fácil que antes. Lejos de dejarte llevar por los guías, te verás a ti mismo como una persona más poderosa, equilibrada y juiciosa mientras estén contigo. A un hombre le preocupaba perder sus límites personales y ser controlado por su guía. Después de aprender a canalizar, dijo que controlaba su vida y que tenía una mayor capacidad para mantener su integridad que nunca antes.

Algunas personas temen que si se abren, serán vulnerables a entidades negativas o inferiores. En realidad, no eres vulnerable, ya que reconocerás fácilmente a las entidades inferiores por su negatividad; todo lo que necesitas hacer es ser firme y pedirles que se vayan. También puedes llamarnos a nosotros, Orin y Da-Ben, o a cualquier maestro superior, como Cristo o tu ángel de la guarda. Estos seres son mucho más poderosos que cualquier entidad inferior. Una vez que pidas un guía de nivel superior, este guía comenzará a protegerte, estés canalizando conscientemente o no. Sólo te pedimos y te advertimos que no juegues con entidades inferiores por mera curiosidad.

Puedes conectar con un guía de nivel superior. Los únicos requisitos son tu deseo e intención de hacerlo.

Si te ha interesado la metafísica, si has leído sobre canalización, autoayuda, ciencia ficción o psicología y si disfrutas de las ideas que te aportan, tienes la capacidad de conectar con un guía de nivel superior y canalizarlo. Si te sientes atraído por cosas que están un paso más allá del pensamiento de masas, si te gusta estar a la vanguardia de un movimiento, entonces estás listo para la canalización. Al comenzar a canalizar, la capacidad de mantener un estado de trance, concentrarse mentalmente, la buena salud física y la estabilidad emocional contribuirán a tu claridad como canalizador y te ayudarán a alcanzar los niveles más elevados de sabiduría.

Aunque la canalización tiene te será útil de inmediato en tu vida, se necesita práctica para llegar a ser un buen canalizador. Los que se convierten en expertos son personas que dedican tiempo a la canalización de forma regular. Así como nadie se convierte en concertista de piano en una sola sesión, la mayoría de los que desarrollan vínculos claros y buenas conexiones con sus guías practican con regularidad.

Básicamente, sólo tú puedes saber si estás preparado para canalizar. Ve a tu interior y pregunta: «¿Tengo un profundo deseo de canalizar o conectar con mi guía? ¿Hay un impulso o una voz interior que me atrae en esta dirección?». Escucha tus mensajes interiores.

ORIN Y DABEN   La toma de conciencia de tu guía suele producirse en etapas. Durante las primeras, es posible que no lo percibas. El guía puede llegar a ti en durante el sueño. Puedes soñar que vas a la escuela, o que alguien te habla por la noche, dándote lecciones e instrucciones. Puede que te preguntes si tienes un guía o que pienses en guías. Puede que te atraigan los libros que hayan sido canalizados por guías o que hablen de ellos.

> *A menudo, los guías conectan contigo*
> *en tus sueños.*

Durante las primeras etapas de tu preparación para la canalización, puedes empezar a sentirte insatisfecho con tu vida, tus relaciones o tu trabajo y descubrir que realmente quieres que tus relaciones y tu trabajo sean más significativos y satisfactorios. Es probable que desees descubrir más sobre tu camino espiritual y sobre la forma que adoptará tu trabajo en la vida. Es posible que seas cada vez más consciente de tu deseo de ser maestro o sanador, de conectar con la gente de forma sanadora y terapéutica. Puede que descubras tu deseo de escribir, trabajar con los medios de comunicación, tocar música o hacer nuevos amigos. Puede que te sientas aburrido de los viejos amigos que antes te resultaban inspiradores, y algunas actividades sociales o de otro tipo que solías disfrutar pueden parecerte menos interesantes. Es posible que busques un propósito más elevado en tu vida y sientas que pasar el tiempo sin un propósito no es tan divertido como antes. Puede que sientas como si algo importante estuviese a punto de entrar en tu vida, que estás en una etapa de transición. Puede que estés buscando algo nuevo, pero que no sepas lo que es.

Puede que hayas alcanzado algunos de tus objetivos, pero que no te sientas todo lo satisfecho que esperabas, y puede que te preguntes qué podrías hacer que te hiciera realmente feliz. Es posible que ya sepas cuál es tu camino y sientas la necesidad de experimentarlo de forma más concreta o significativa. Puede que te sientas preparado para subir a una consciencia más elevada y desees una conexión más abierta con las esferas superiores.

La canalización te ayudará a descubrir
tu propósito superior.

Algunas personas tienen experiencias sorprendentes que les sirven para abrirse. Les ocurre algo que no pueden explicar racionalmente, como una premonición sobre un evento que luego se hace realidad, una visita a un nuevo lugar que les resulta inquietantemente familiar, una experiencia extracorporal o un sueño precognitivo. Otros dicen que se sienten envueltos en algo: empiezan a ocurrir coincidencias, se abren puertas, aparecen libros. Empiezan a conocer a gente nueva y su visión de la realidad empieza a cambiar. Algunas personas que han estudiado yoga y meditación, han explorado las religiones orientales o han participado en seminarios de la Nueva Era, como el de Control Mental Silva, descubren que, al preguntarse «¿Y ahora qué?», se sienten cada vez más atraídos por a aprender más sobre sus habilidades de sanación y canalización. Algunas personas ni siquiera tomado en consideración a los guías. Un día leen sobre ellos y la canalización y entonces, de repente, quieren aprender más sobre el tema. Sienten que les proporcionará el cambio que han estado buscando en todas sus exploraciones anteriores.

Pedir un guía hará que éste te llegue.

A medida que evolucionas, tu sensibilidad a las esferas superiores aumenta. Las ideas parecen llegar a ti desde algún lugar más allá de ti mismo. Te encuentras con que sabes cosas que antes no sabías. Puedes sentir que te conectas con una energía más elevada, distinta de tu conciencia normal. Lo que está ocurriendo es que estás comenzando a experimentar conscientemente las dimensiones superiores. Si solicitas la ayuda de un guía, éste comenzará a trabajar contigo. En esta etapa, la conexión con un guía puede producirse más a menudo en los estados de sueño o en momentos espontáneos o inesperados.

Puede que en algún momento tengas un sueño vívido en el que sea tu guía el que se ha puesto en contacto contigo. Puede que descubras tu conexión con tu ser superior o con un guía a través de las cartas del tarot, el tablero de la *ouija*, la escritura automática o la meditación. Durante la meditación, puedes empezar a recibir una señal que parezca contener una sabiduría mayor que la que has experimentado antes. Hay muchos métodos para iniciar la conexión. No hay una forma determinada de estar preparado para canalizar. La preparación es una experiencia individual y es diferente para cada persona.

Aquellos que no están preparados para convertirse en canalizadores suelen saberlo y tienen muy claro que canalizar no es para ellos. Puede que no tengan la preparación adecuada a nivel espiritual. Puede que no tengan una visión del mundo que abarque la canalización como una posibilidad. Su escepticismo sirve para mantenerlos alejados hasta que estén preparados. Puede que no sea apropiado para ellos en esta etapa de su vida, así que no hay que intentar convencer a los escépticos de que lo prueben.

A medida que tu conexión con tu guía y tu ser superior se hace más fuerte, es posible que pienses más a menudo en buscar un guía o en o conectar con tu propio ser superior. Es posible que hayas asistido a escuchar una canalización, leído algo sobre el guía de otra persona, o que hayas visto o escuchado a un guía canalizado en una cinta de audio o de vídeo. Aunque puede que tengas dudas y preguntas sobre la canalización, te darás cuenta de que valoras la experiencia y deseas aprender más. Si estás preparado, el hecho de pensar en conectarte con tu guía te aportará una sensación de expectación y entusiasmo. Tu posible ansiedad y la duda de si eres capaz de hacerlo son indicios de su creciente importancia para ti, más que un reflejo de tu capacidad para conectarte con tu guía o tu ser superior.

2 | CANALIZAR
EN TRANCE

¿Qué es un estado de trance?

¿Cómo alcanzarlo?

ORIN Y DABEN Un estado de trance es un estado de consciencia que permite conectar con un guía. Hay muchas maneras de describir la experiencia del estado de canalización. Por lo general, describirla suele hacerla parecer más complicada de lo que realmente es. Tú tendrías un problema similar si tuvieras que describir el estado mental que se requiere para conducir un coche, tocar un instrumento o practicar un deporte. Una vez que se ha experimentado el estado de canalización es fácil de recordar y de volver a él. La mayoría de las personas encuentran que alcanzar un estado de canalización es más fácil, más sutil y distinto de lo que habían pensado que sería.

Los momentos en los que la inspiración fluye sin
esfuerzo son similares al estado de canalización.

La mayoría de nosotros hemos tenido breves experiencias de canalización, como cuando al hablar con un amigo que te necesita, sientes que la sabiduría fluye a través de ti y dices cosas que no tenías intención de decir. Los momentos en los que sientes un profundo amor por un amigo, el asombro al contemplar una hermosa puesta de sol, el aprecio por la belleza de una flor o la devoción que hay en una oración profunda, todos ellos contienen elementos de este estado de consciencia. Cuando una voz interior muy clara te dice cosas que parecen venir de un nivel más alto que el de tus pensamientos normales, cuando estás enseñando a otros y de repente te sientes inspirado, cuando sientes el impulso de decir cosas inesperadas y sabias o tocar a alguien de una manera inusual y sanadora, puede que estés experimentando elementos de cómo se percibe un estado de trance.

Los estados de trance se perciben como si de repente te hubieras vuelto muy sabio.

El estado de trance crea cambios muy sutiles en tu percepción de la realidad. Las respuestas a las preguntas pueden llegarte con facilidad y pueden parecer simples u obvias. Al principio, puede parecer incluso que estás imaginando o inventando las palabras y los pensamientos. Es posible que sientas que estás concentrado. No has de intentar apartar tu mente, sino utilizarla activamente para que te ayude a llegar más alto.

La canalización suele provocar un cambio en la respiración y puede ir acompañada inicialmente de una sensibilidad inusual en la parte superior del cuerpo. Puedes sentir calor en las manos o un aumento de la temperatura corporal. El estado de trance es una experiencia individual. Para algunos es una peculiar ausencia de sensación física. Después de haber canalizado durante un tiempo, te acostumbras a las sensaciones físicas y rara vez se producen otras que resulten extrañas. Algunas personas se quejan de que echan de menos las sensaciones inusuales una vez que dejan de tenerlas. Ocasionalmente, cuando se alcanzan nuevos niveles, puede haber un hormigueo en el cuello o en la parte superior de la frente. Algunas personas perciben algún tipo de sensación a lo largo de la columna vertebral o cierta tensión o energía alrededor de la frente. Durante la canalización, el ritmo y el tono de su voz pueden ser diferentes a los normales, quizás mucho más lentos y profundos.

SANAYA Y DUANE   Los distintos estados de conciencia pueden estar relacionados con los niveles de relajación y alerta. A lo largo del día pasamos por diferentes estados de consciencia. La vigilia y el sueño nos son familiares y los reconocemos fácilmente como estados diferentes. Los distintos tipos de actividades implican estados de consciencia característicos. Tu estado de conciencia es diferente cuando ves una película, realizas una tarea difícil, conduces por la autopista o participas en un deporte de velocidad. Estos estados pueden identificarse como diferentes porque, mientras llevamos a cabo estas actividades, también lo son las variaciones en el estado de alerta, el grado de implicación con el entorno, el nivel de relajación o atención, las sensaciones físicas, las emociones y la forma de pensar.

En su consciencia normal de vigilia, las personas son muy conscientes del entorno y suelen tener altos niveles de parloteo mental interno. En este extremo de la escala de relajación se encuentran actividades como pensar, planificar o preocuparse. Mientras te relajas escuchando música, viendo la televisión, dándote un baño o paseando por la naturaleza, puede que percibas que tu conciencia del entorno oscila entre la semialerta y un estado de ensoñación en el que no eres consciente de tu entorno. A medida que se alcanzas estados de relajación más profundos, eres cada vez menos consciente del entorno, hasta que te quedas dormido.

La canalización implica obtener un estado ligeramente relajado en el que puedes dirigir tu atención hacia dentro y hacia arriba para recibir mensajes de las esferas superiores. En un estado de relajación sutil, sueles ser consciente del sonido, que a veces puede parecer incluso amplificado. En un nivel de relajación más profundo o durante una concentración intensa, puedes sentirte tan absorto en lo que estás haciendo que no te des cuenta del entorno. Puede que si alguien entrara en la habitación de forma inesperada, te sobresaltes. Aun así, tanto en estados sutiles como profundos de relajación es posible recordar información y ser consciente de los sonidos, por lo que es mejor no juzgar si estás en trance por lo alerta o consciente que te sientas.

Al principio, cuando entras en trance, puedes ser más consciente del entorno en el que te encuentras, especialmente cuando recibes un guía, porque estás haciendo una conexión consciente y activando su voz. Sin embargo, pronto el entorno te parecerá menos importante y aprenderás a no dejar que los ruidos externos te distraigan. Dite a ti mismo: «Cualquier ruido que oiga me ayudará a hacer más profundo mi trance».

Tener experiencia en estados meditativos puede ser útil, pero no es necesario para canalizar. El estado meditativo y el espacio de canalización se alcanzan desde un estado relajado de concentración interna; sin embargo, la forma en la que se utilizan la mente, la intención y el espíritu difieren. En la meditación profunda hay poca necesidad de recordar y hablar, por lo que es principalmente una experiencia de imágenes, energía y sentimientos.

La mayoría de las personas que meditan ya han comenzado a acceder al espacio de canalización. A menos que soliciten un guía, atraviesan el espacio de canalización tanto en su camino hacia estados meditativos más profundos como al salir de éstos. A menudo obtienen sus percepciones conscientes durante este período. Como la canalización es un estado de trance más sutil que la meditación profunda, a menudo es más fácil lograrlo de lo que la gente experimentada en meditación podría esperar. En la canalización, aprendes a dirigir la mente hacia un lugar –algo así como encontrar una puerta– en el que se conectas con el guía. Aunque lograr un estado de meditación profunda puede llevar mucho tiempo –quince minutos o más–, normalmente se necesita bastante menos –a menudo menos de cinco minutos– para alcanzar un estado de canalización.

Cuando te acercas al espacio de canalización, tu guía se une a ti y te ayuda a dirigir tus energías. La canalización no requiere una mente calmada y quieta, como los estados de meditación, sino que requiere capacidad de concentración y enfoque. Entrar en un estado de canalización no depende sólo de ti. Recibirás mucha ayuda de tu guía para alcanzar este estado, porque has pedido conexión y orientación.

Dónde vas cuando tu guía entra en escena: La elección de permanecer consciente

ORIN Y DABEN Algunas personas dejan de lado su consciencia despierta por completo cuando canalizan. Dicen que canalizar es como quedarse dormido, y no recuerdan nada de lo que se dice. Quienes no son conscientes de lo que ocurre durante la canalización se denominan «canalizadores inconscientes». Suelen entrar en estados de relajación tan profundos que no recuerdan los mensajes de sus guías. Suelen recibir la energía de las transmisiones, e incluso las palabras reales a nivel espiritual, pero son incapaces de recordar lo que sus guías han dicho. Su recuerdo variará según la naturaleza de su estado de trance.

Algunos canalizadores permanecen parcialmente consciente y, como pueden recordar parte de la transmisión, se los llama «canalizadores conscientes». Estas personas son conscientes de la información que les llega en diversos grados. Algunos pueden tener una vaga idea de los mensajes de sus guías, pero apenas recuerdan lo que ocurrió. Otros lo comparan con el recuerdo de los sueños, ya que se desvanece muy rápidamente. Pueden recordar la información justo al salir del trance, pero son incapaces de recordarla una hora después. Y otros más tienen trances muy ligeros, recuerdan lo que se dice y se sienten muy alerta durante la canalización. La experiencia de la mayoría de las personas se sitúa entre los trances profundos e inconscientes y los estados de alerta total.

Te aconsejamos que permanezcas consciente mientras canalizas. Si te encuentras dormido o te vienes abajo, usa tu voluntad para mantenerte alerta. Te ayudará estar bien descansado. No hay nada malo en estar inconsciente durante el trance, pero si estás consciente, puedes traer la sabiduría superior y la luz de tu guía directamente a tu propia consciencia y utilizar conscientemente la información para aprender y crecer. Te animamos a que de alguna manera seas consciente de lo que estás diciendo mientras estás en trance.

Los canalizadores conscientes son sólo parcialmente conscientes de lo que dicen sus guías.

Aquellos que recuerdan lo que se desprende durante su canalización, generalmente sienten una gran riqueza que sobrepasa el significado real de las palabras. Se sienten como si estuvieran en un estado de consciencia expandido en los que cada palabra tiene un significado mayor del que habían sido conscientes anteriormente. A veces, las palabras van acompañadas por sentimientos de haber viajado. A veces tienen la sensación de que ha habido un cambio interno hacia vibraciones más elevadas. Algunos dicen que la canalización es como estar en sueños vívidos, llenos de acción, emoción y a menudo de color. Después de salir del estado de trance, esta riqueza comienza a desvanecerse. Algunos dicen que se sienten parte de otros planos. Se sienten expandidos físicamente, más grandes de lo normal. Otros dicen que sienten que las palabras normales se convierten en imágenes que se traducen en lenguajes internos más ricos y completos. Algunos sienten como si les cayeran «esferas» enteras de información en su mente que contienen paquetes completos de ideas que van desentrañando poco a poco a medida que van pronunciando los mensajes.

Los que son expertos en llevar sus consciencias despiertas a niveles profundos de trance informan que, en lugar de estar «noqueados» o inconscientes, suceden tantas cosas que es como si estuvieran experimentando los impulsos mentales de sus guías directamente. Podría parecerse a cuando se está activamente consciente durante un sueño. Estos impulsos mentales, en el lenguaje universal de la luz, transmiten experiencias, imágenes e impresiones que están más allá de la capacidad de expresión de nuestro lenguaje. Aquellos que son conscientes, en mayor o menor medida, de la riqueza de la energía que va más allá de las palabras, experimentan el mundo de su guía y el suyo propio simultáneamente.

En la canalización consciente, puedes encontrarte en un estado ligeramente disociado, en el que eres consciente de lo que está pasando, pero sin interferir en ello. Muchas personas dicen que es como si pudieran observar su vida desde dos perspectivas simultáneas: la de su guía y la propia.

La canalización consciente implica elevar tu vibración
para sentir, ver o escuchar en las esferas de tu guía.

La experiencia de la canalización puede ser muy diversa. Hay muchas razones por las que algunas personas recuerdan su canalización y otras no. Algunas no quieren estar inconscientes o ser controladas y quieren permanecer alertas de todo lo que les llega. Otras entran en estado de trance de forma natural. Es posible que quieran aprender a mantenerse conscientes durante la canalización para evitar caer en la inconsciencia.

Dejar a un lado tu personalidad, pensamientos y sentimientos, y ser consciente cuando tu guía está hablando es una experiencia enriquecedora. Algunas personas creen que están canalizando a un guía sólo cuando no son conscientes de lo que están haciendo, pero la mayoría de los canalizadores son conscientes, en cierta medida, de lo que dicen. La falta de conciencia es mucho menos común. Muchos grandes y conocidos canalizadores han descrito diferentes grados de conciencia mientras sus guías hablaban o escribían a través de ellos.

Si deseas experimentar al parecido al estado de trance en este momento, ve al capítulo 6 y realiza los siguientes ejercicios: «Alcanzar un estado de relajación» y «Mantener el enfoque y la concentración».

SANAYA Experimento a Orin como una clara presencia muy cariñosa, sabia y amable. Tiene una sabiduría y una perspectiva, así como una amplitud de conocimiento, que exceden cualquier cosa que yo sepa de manera consciente. Hay una riqueza de impresiones que va más allá de las palabras que dice. Aunque soy consciente, no soy capaz de influir en las palabras que me llegan. Puedo intentar detenerlas, pero no añadir mis propias palabras ni cambiar el mensaje. Una semana antes de que me dicte un libro, puedo sentirlo organizando las ideas y me doy cuenta de que partes de ellas flotan en mi conciencia. Una vez que Orin ha decidido dar una clase sobre un tema, recibo información sobre éste en momentos inesperados, normalmente cuando corro o medito o cuando estoy pensando en el tema o en la clase.

Cuando canalizo, recibo muchas imágenes, sentimientos y representaciones, y puedo escuchar mis propios pensamientos y comentarios junto a los de Orin. Cuando Orin se va, mi recuerdo de lo que dijo se desvanece como un sueño. Puedo recordar hasta cierto punto las ideas generales, sobre todo si me impactan personalmente, pero no puedo recordar los detalles de la información a menos que la lea después. Parece que estoy más alerta al pensamiento o concepto, al tema en conjunto, que a las frases individuales. A menos que la información se examine después, recuerdo poco de lo que haya dicho Orin. Sin embargo, cuando vuelvo a traer a Orin, él es capaz de recordar exactamente lo que lo que dijo a la gente, incluso años después.

Mi experiencia del trance varía dependiendo de la información que me llega. Entro en un trance muy profundo cuando canalizo información para libros y transmito información esotérica del conocimiento universal. Cuando canalizo para otras personas, mi trance es más sutil, ya que no requiere la misma cantidad de la energía de Orin para transmitir este tipo de información.

DUANE La recepción de las transmisiones de DaBen cambia mucho dependiendo del tipo de pregunta y de la persona que la hace. Las preguntas más difíciles de transmitir con precisión son las que conducen a explicaciones «científicas» de DaBen. Las preguntas relacionadas con la fuerza vital o la naturaleza de la realidad llevarán a DaBen a enviarme imágenes de patrones de ondas que yo debo descifrar. Estos patrones me desafían a elegir mis propias palabras y conceptos para transmitir su significado. Cuando DaBen canaliza meditaciones guiadas, experimento que su energía se dirige hacia los que escuchan. Cuando la canalización termina, la gente suele decir que se siente como si como si hubiera sido llevada a una realidad superior o que se siente mucho mejor y más expandido que antes. Cuando canaliza información general sobre la vida o diversos temas personales de la gente, recuerdo muy poco de lo que se dice, aunque soy consciente del flujo general.

Experimento a DaBen como una energía muy radiante, cariñosa y rigurosa, que tiene un gran cuidado. Sus conocimientos son muy detallados y extensos. Parte de la información es tan compleja que me ha ayudado a desarrollar nuevas palabras para transmitirla. No quiere que pasemos por alto sus conceptos o los simplifiquemos, incluso cuando la gente no pueda entenderlos inmediatamente. A veces, yo mismo los comprendo más tarde, después de haber juntado varias de canalizaciones científicas y ver las interacciones entre ellas. A menudo tengo que consultar mis libros de física para entender lo que podría estar explicando.

Experimento trances bastante livianos cuando trabajo con el tacto sobre los sistemas energéticos de las personas, sobre todo porque necesito moverme y mantener la conciencia de mi entorno físico. Mis trances son mucho más profundos cuando canalizo información general y cuando DaBen lleva a las personas a diversas experiencias de consciencia expandida.

Aunque DaBen buscará información específica sobre la vida de una persona en respuesta a sus preguntas, está claro que prefiere trabajar directamente con su energía. A través de mi toque o transmitiendo energía, ayuda a las personas a alcanzar estados energéticos superiores en los que pueden responder a sus preguntas por sí mismos.

Cuando termino la canalización, puedo recordar los conceptos que se han repasado como si mi mente trabajara de una manera nueva. Sin embargo, los detalles se desvanecen rápidamente. Cuando leo las transcripciones de las canalizaciones me sorprende la cantidad de información que contienen. Es como si recordara sólo unos pocos de los cientos de ideas que están comprimidas en las palabras utilizadas.

3 | ¿QUIÉNES SON LOS GUÍAS?

Guías de nivel superior

ORIN Y DABEN   Hay tantos lugares de los que provienen los guías que parecen ser infinitos. Puede que te sea útil clasificarlos en aquellos que se han encarnado en la tierra y han vivido al menos una vida terrestre; los que no han vivido una vida terrestre y son de dimensiones externas a la galaxia y las estrellas, como la cuarta dimensión; los maestros, como Saint Germain; los ángeles, como Miguel y Rafael, incluyendo los ángeles de la guarda, y entidades extraterrestres e otras galaxias y planetas. Hay otros guías que no encajan en estas categorías. Yo, Orin, viví una vida terrestre hace mucho tiempo en tu época, para que poder entender mejor la existencia física. Hace tiempo que evolucioné hacia la luz y el espíritu puros, sin cuerpo físico. DaBen también es un ser de luz y no ha vivido una vida terrestre.

Tu guía te elige a ti para trabajar por vuestra similitud
de objetivos y propósitos.

No todas las entidades de las esferas superiores eligen ser guías, al igual que no todos vosotros elegís ser canalizadores. El trabajo en los otros planos de la realidad es tan variado como lo puede ser vuestro trabajo en la tierra. Los guías son determinados seres que son muy hábiles en la transmisión de energía de su dimensión a la tuya. Se necesita una enorme cantidad de energía de nuestro plano para llegar al vuestro, y la mayoría de las veces se hace por puro amor a la humanidad y por devoción a la transmisión de ideales más elevados. A medida que se alcanzan las esferas superiores, el servicio altruista a los demás es un camino de rápida evolución. Te elegimos por una similitud de objetivos y porque te amamos.

Cuando nos dirigimos a ti, otros seres de nuestra esfera pueden ayudar a amplificar nuestra energía, ya que nuestra sustancia es tan sutil que, para que os llegue, requiere que se enfoque y se. Nuestras vibraciones están tan expandidas y son tan inmensas, que para reducirlas a frecuencias que vosotros podáis mantener en vuestra mente hace falta mucha práctica, habilidad e intención. Ajustamos nuestro proceso perceptivo para adaptarnos a vuestros conceptos y vuestra manera de entender. Para establecer una conexión con vosotros, hemos de ser capaces de trabajar con la energía y nuestros campos electromagnéticos a niveles muy sutiles y refinados. Hay diferentes niveles de destreza en esta habilidad.

Si exploras el campo de la metafísica, oirás hablar del plano causal. El plano causal es una dimensión vibratoria elevada y sutil en la que puedes existir después de esta vida sólo cuando hayas armonizado muchas de tus energías y evolucionado a un estado elevado. La mayoría de las personas existen en el plano astral cuando mueren, ya que aún no han evolucionado lo suficiente como para vivir en el plano causal. Muchos guías elevados provienen del plano causal y más allá de él, de lo que se llama la realidad «multidimensional». Vivir en estas otras dimensiones requiere un dominio de las polaridades, un nivel avanzado de control sobre las emociones y de la mente y habilidad en el uso de la energía. Algunos guías han vivido anteriormente en la tierra, han evolucionado rápidamente, han dominado las enseñanzas, son ahora espíritus puros en el plano causal y están evolucionando aún más a través del servicio a la humanidad. Otros vienen de las realidades multidimensionales y son seres extremadamente elevados en sus propios sistemas.

Algunos de vosotros podéis elegir canalizar a vuestro ser superior. Tu ser superior puede proporcionar amor, compasión, guía espiritual y consejos sabios. Tanto tu guía como tu ser superior están aquí para asistirte en tu crecimiento, impulsarte más alto y ayudarte a vivir tu propósito superior.

Los guías pueden aparecer a tu ojo interno como pertenecientes a nacionalidades particulares con la vestimenta pertinente. Yo, Orin, me aparezco a Sanaya como un resplandor radiante que se sienta cerca de su cuerpo cuando ella canaliza. Es consciente de que mido casi tres metros de altura. Todo lo que puede ver cuando intenta ver mi cara es una luz blanca y brillante. A menudo aparezco con túnicas como las que usaban vuestros antiguos monjes.

Algunos dicen que ven sus guías como colores. Algunos perciben sus sonidos, otros sienten a sus guías como una apertura de corazón. A medida que os acostumbréis a ver en los planos vibratorios superiores, algunos de vosotros podréis ver a vuestros guías más claramente. Algunas personas describen a sus guías como personajes familiares que han conocido, como Cristo, Buda o los ángeles, que representan un gran amor y sabiduría para ellos. Los guías pueden aparecer como indios americanos, sabios chinos, maestros de la India o como uno de los grandes maestros, como Saint Germain.

Los guías pueden aparecer como masculinos o femeninos, aunque en la energía pura no hay polaridades, por lo que no son verdaderamente masculinos o femeninos. Elegirán la identidad que mejor se adapte a lo que han venido a hacer, o aquélla con la que te puedas relacionar mejor. Si por la naturaleza de su trabajo, quieren encarnar cualidades como la ternura o la crianza, pueden adoptar una apariencia femenina. A menudo, un guía que quiere representar un papel masculino adoptará una apariencia masculina. Algunos adoptarán la apariencia de una vida anterior si han vivido una en la tierra, y utilizarán el nombre de esa persona. Hay tantas identidades para los guías como para las personas, por lo que hay que estar abierto a cualquier forma en la que se te presente tu guía.

Algunos guías son puramente racionales y quieren impartir nuevas ideas de ciencia, lógica, matemáticas o nuevos sistemas de pensamiento. Algunas entidades de otras dimensiones son de los mundos de la esencia más allá de toda forma. Son apropiadas para que las canalicen personas que no se preocupan por las formas, los detalles o las particularidades de su vida o de su trabajo, sino que quieren trabajar con la energía directamente, o en formas que implican experiencias de la esencia energética. Si estás buscando un consejo específico de estos guías sobre dónde vivir o qué opciones de negocio tomar, puede que te decepcionen. Sin embargo, si quieres trabajar con la energía a través del tacto o el trabajo corporal, es posible que te ayuden a obtener resultados sorprendentes. Si deseas aprender sobre la naturaleza de la realidad, pueden ofrecerte largas explicaciones.

Incluso en los niveles más altos, los guías tienen diferentes talentos y áreas de experiencia, al igual que tú. Algunos pueden ser muy buenos dando consejos concretos, resolviendo problemas y ayudándote en tu vida diaria. Otros pueden ser buenos dando charlas inspiradoras e informativas o transmitiendo verdades espirituales. Si preguntas sobre un tema que no es de su especialidad, encontrarán la información y te la harán llegar. Por ejemplo, tu guía puede ser muy hábil en la canalización de información espiritual, pero puede que no tenga información sobre temas científicos. Si necesitas información científica para algo, y es importante para ti tenerla, tu guía te la hará llegar tal vez enviándole un libro o una persona con los conocimientos necesarios, o te los proporcionará otro guía.

No pienses que una vez que canalices serás capaz de hacerlo todo. Los guías te eligen porque estás más alineado con lo que quieren traer a la tierra. Así que lo más probable es que lo que has querido hacer, o lo que ya estás haciendo en tu vida, continuará desarrollándose con la ayuda de tu guía. Deja que haya áreas que estén fuera de tu ámbito de conocimiento o del de tu guía.

Algunos guías son llamados «seres de luz» porque trabajan con la luz y utilizan el lenguaje de la luz.

Muchos guías de nivel superior son casi pura energía, ya que han evolucionado en espíritu y han tomado el brillo de la luz. Algunos podrían ser «seres de luz» porque trabajan en el espectro de la luz y utilizan el lenguaje de la luz, transmitiendo su mensaje directamente mediante impulsos a las almas de aquéllos con los que trabajan. Nosotros, Orin y DaBen, somos seres de luz. Somos capaces de navegar por la cuarta dimensión, así como por la quinta y las dimensiones superiores. Hemos evolucionado más allá del plano causal y venimos de lo que llamáis vuestra realidad multidimensional. Nuestra ayuda está disponible cuando nos llames a nosotros o a vuestro propio guía. Nuestro objetivo es ayudarte a que te vincules con tu propio guía desde nuestros reinos o con un guía de sabiduría y luz comparables para ayudarte a evolucionar y alcanzar una conciencia superior.

Hay tantos lugares de donde provienen los guías que no vale la pena preocuparse por su procedencia, sino diferenciar entre los guías que trabajan por tu bien y los que no. En cada dimensión pueden existir almas de todos los niveles de maestría. Las entidades pueden ser de muchas dimensiones y de diferentes realidades, y estar en diferentes etapas de su propia evolución; es importante que sepas reconocer con qué guía te conectas. Los grandes maestros existen en todos los planos de la realidad. A nosotros nos preocupa principalmente que tu guía sea lo suficientemente hábil y esté lo suficientemente capacitado y comprometido para ayudarte en tu crecimiento espiritual.

Los guías de nivel superior son fuente de orientación, claridad y dirección.

La gente nos pregunta a menudo: «¿Cómo podemos saber si el guía que se atrae es de nivel superior? Creemos que todos vosotros tenéis la capacidad de reconocer a un guía que no es de nivel superior. Cuando conoces a alguien, tienes una sensación inmediata de cuán sabio y cariñoso que puede ser. Sabes si te sientes bien y feliz a su lado o depreciado e infeliz. Con un guía, usa la misma facultad de juicio que utilizas con las personas. Tienes la capacidad de reconocer la sabiduría. Parece como si ya conocieras la verdad.

Los guías elevados vienen a iluminar tu camino. Su único deseo es tu bien superior. Están ahí para ayudarte con cosas como recordar quién eres, soltar el miedo y aprender a amarte a ti mismo y a los demás. Vienen para aumentar tu alegría y ayudarte en tu crecimiento personal y en tu trabajo aquí en la tierra.

Los guías de nivel superior no te asustan ni te aumentan el ego. No te halagan, aunque aplauden tus progresos. Crean una sensación de mayor conciencia y visión interior. Te animan a utilizar tu propia sabiduría y discernimiento en lugar de seguir ciegamente lo que te digan. Nunca te dicen que «tienes que» hacer algo o intentan determinar un resultado directo en tu vida personal. Te apoyan y te animan a desarrollar y utilizar tu fuerza interior y tu sabiduría más profunda. Te animarán a no cederles tu poder. Los guías de nivel superior suelen ser humildes y reconocen que su verdad no es la única. Pueden hacer sólidas recomendaciones y ayudarte a tomar tus propias decisiones. Pueden señalar algo que no funciona en tu vida, pero lo harán de tal manera que te harán sentir empoderado y fuerte.

Las guías de nivel superior rara vez predicen acontecimientos futuros. Si lo hacen, es sólo porque la información es útil para tu crecimiento o para la humanidad. Si la información que recibes de otro te desprecia o te hace sentir mal contigo mismo, elige si quieres aceptarla como tu verdad o no. Si al finalizar una lectura de un guía sientes temor, entonces no has estado con un guía de nivel superior, porque ellos hacen que te sientas inspirado y apoyado en lo que eres. Te ayudan a verte a ti mismo de forma nueva y expandida. Ten en cuenta que puedes convertir un mensaje inspirador en uno menos dichoso si eliges escucharlo como algo negativo en lugar de algo positivo.

Los guías de nivel superior tienen tu propósito superior
como principal preocupación.

Los guías de nivel superior se expresan con precisión y dicen mucho en pocas palabras. Enseñan la tolerancia y fomentan el perdón. Sus consejos son prácticos, a menudo sencillos, modestos, nunca son jactanciosos y tienen sentido común. Todos los pasos que aconsejan son útiles y aportan un mayor bien a la vida de la persona. Los guías de nivel superior sólo hablan bien de las personas y de las cosas, porque toda su naturaleza está llena de amor y bondad.

Si se lo pides, te mostrarán tus aprendizajes, te hablarán de lo que has venido a aprender, pero te permitirán continuar en una situación determinada si lo deseas. Tienen mucho cuidado de no despojarte de tus aprendizajes. Si te diriges hacia algo que te enseñará una valiosa pero difícil lección, pueden mostrarte formas más satisfactorias para aprender lo mismo. Sin embargo, si persistes en tu camino original, no te detendrán. Depende de ti elegir la satisfacción, pero si aprendes mejor a través del dolor y la lucha, los guías de nivel superior no te los quitarán.

Reconocer a las entidades menos evolucionadas

ORIN Y DABEN   A veces es difícil saber si seguir o no los consejos de un determinado guía. De ti depende utilizar tu propia capacidad para distinguir y reconocer la sabiduría. Cuando recibas un consejo de tu guía o del de otra persona, pregúntate: «¿Es apropiado para mí seguir esta información? ¿La información me limita o me expande? ¿Es precisa? ¿Tiene un valor práctico para mí y es útil de forma inmediata? ¿La siento como mi verdad interior?». Recuerda la última vez que recibiste un consejo de un amigo o un guía que no salió bien. ¿No es cierto que había una parte de ti que no quería seguir el consejo? Por lo general, tú sabes qué es lo mejor para ti. Sopesa la información que recibes con cuidado. Utiliza tu sentido común para decidir si utilizar la información o no; no aceptes ciegamente la información sobre tu vida. La orientación de nivel superior te ayudará a tener una mayor confianza en tu propia verdad. Las canalizaciones deben ser aceptadas sólo si te parecen verdaderas, no sólo porque sea material canalizado. Haz sólo aquellas cosas que te parezcan agradables o correctas.

Acepta únicamente los mensajes que resuenan
en lo más profundo de tu ser.

¿Cómo reconocer las entidades menos evolucionadas? A algunas de ellas les gusta hacer predicciones de naturaleza desastrosa, y disfrutan con las emociones intensas, como el miedo, que pueden suscitar en las personas. No hacen predicciones para ayudar a la gente ni las ofrecen con un propósito superior. Sus mensajes pueden inflar falsamente el ego de las personas diciéndoles que van a ser ricas o famosas cuando es evidente que eso no forma parte de su camino. Sabrás si estás conectado con un guía inferior. Te sentirás asustado, impotente, deprimido o preocupado por tu vida después de que te hayan aconsejado.

Las entidades menos evolucionadas pueden querer incitarte a emprender acciones que sabes que no son elevadas y amorosas. A menudo despiertan malos sentimientos entre amigos, intentando venganza. Pueden sugerirte que te protejas contra algunos peligros aterradores e invisibles. Algunas entidades, en particular las entidades menos evolucionadas, se aprovechan de tus emociones intensas e intentarán hacerlas aflorar en ti. Otras entidades simplemente hacen perder el tiempo y te dan información inexacta o intrascendente. Las entidades menos evolucionadas hablan con pretensión, de trivialidades, o dicen cosas de una manera que parece ser profunda pero que en realidad no contienen nada útil.

Los guías de nivel inferior pueden no tener el compromiso de llevar tu energía a un nivel superior. Pueden no estar interesados en tu crecimiento espiritual; puede que ni siquiera sean conscientes de los caminos que conducen al crecimiento espiritual. Puede que no tengan conciencia de la dirección evolutiva actual de la humanidad. Lo reconocerás porque la orientación que te dan puede sonar interesante, pero no tendrá ningún valor práctico para ti. Puede que no sean malas entidades, pero también que no compartan tus objetivos o propósitos o no entiendan tu destino único y, por lo tanto, puede que no sean capaces de «guiarte». Estas entidades probablemente no serán perjudiciales para ti, aunque puede que experimentes cierta incomodidad al estar cerca de su negatividad. Pueden incluso ser amorosas en su intención, pero que no hayan logrado una evolución superior a la tuya. Sabrás si están menos evolucionados por su falta de mayor comprensión y sabiduría.

Hay un nivel de realidad que está a una frecuencia o un paso del tuyo llamado «plano astral», donde muchas almas van entre sus vidas terrestres. En los niveles inferiores del plano astral, hay muchas entidades que quieren volver a la tierra. Pueden querer experimentar la vida a través de ti. Normalmente no tienen malas intenciones, sólo ignorancia. Puedes reconocerlos cuando se acercan porque puedes sentir sus miedos emocionales, su dolor y su incertidumbre. Sentirás su falta de paz. La mayoría de las almas en este nivel no están lo suficientemente evolucionadas como para ayudarte y te recomendamos que no las canalices. Son una muestra representativa de la de la humanidad en todos los ámbitos de la vida. Estas entidades terrestres pueden no saber que han muerto. Si siente que éste es el caso, diles que vayan a la luz.

Los guías hablarán a través de ti sólo
con tu consentimiento.

Te recomendamos que nunca atraigas a estos seres a tu cuerpo o los canalices verbalmente. Los reconocerás porque su vibración y sentimientos no son elevados. Te sentirás pesado o incluso resistente a ellos. No se apoderarán de ti porque les es muy difícil penetrar en el plano terrestre. Tú eres el que tiene el control de esta realidad. Tu curiosidad, tu voluntad de jugar con ellos o de seguirles la corriente los mantendrá cerca de ti. Sé firme y rompe el vínculo. Los guías no te engañarán si les preguntas de dónde vienen. Si les preguntas si son de la luz no te dirán «sí» si no lo son. Pide un guía superior y se te concederá.

Un guía de nivel superior te ayudará a ser más compasivo contigo mismo y con los demás.

Si las entidades que no son guías elevados y amorosos quieren hablar a través de ti, simplemente diles «no» con firmeza y claridad. A medida que canalizas a tu guía, sabrás cómo sentirlo. Será imposible que otro ser te engañe. Un guía de nivel superior te dará la sensación de ser edificante, cariñoso y maravilloso. Experimentarás una sensación de bienestar. Si de alguna manera te sientes deprimido, triste o enfadado, entonces no estás con un guía de nivel superior. Pídele a este guía que se vaya y solicita uno superior.

Guías personales

ORIN Y DABEN Todo el mundo tiene un guía personal que le acompaña durante toda su vida, a menudo denominado ángel de la guarda. A veces hay varios guías que te ayudan, sobre todo si estás en un punto de inflexión importante en tu vida. Normalmente, estos guías personales están menos evolucionados que los guías de nivel superior. Están más evolucionados que tú, porque normalmente han pasado por la vida en la tierra, y son conscientes de una realidad mayor que la tuya. Pueden ser personas que has conocido en tu vida que ya no están vivas y han evolucionado más allá de las emociones negativas terrestres. También pueden ser seres con los que has estado en otras vidas.

Están aquí para ayudarte a seguir el destino que has elegido y para ayudarte a supervisar cuestiones específicas, y trabajarán contigo te apegues o no a tu camino superior, incluso seas o no consciente de su presencia. Parte de su propósito es ayudarte a lograr lo que has venido a hacer. Estos guías no son «inferiores» a los guías de nivel superior, pero su ámbito de dimensiones y consciencia no es tan amplio ni abarca tanto como el de los guías maestros de nivel superior. Los guías de nivel superior trabajan con tu guía personal para ayudarle con información detallada y específica sobre tu vida personal. Los guías personales actúan como enlaces entre tú y tu guía de nivel superior en ciertas áreas. Una vez que te conectas con un guía de nivel superior, la mayor parte de tu conexión consciente con tu guía personal será a través del guía de nivel superior y no directamente con tu guía personal.

SANAYA Y DUANE En el trato con los guías, las posibilidades parecen infinitas, y lo que experimentas con los guías puede ser diferente de lo que nosotros hemos experimentado. Te animamos a honrar tus experiencias con los guías. Deja que tus guías te cuenten quiénes son y de dónde vienen, y no intentes hacerlos encajar en ninguna categoría. La información de Orin y DaBen no es un conjunto de reglas, sólo son directrices.

4 ¿CÓMO SE COMUNICAN CONTIGO LOS GUÍAS?

¿Cómo transmiten sus mensajes los guías?

ORIN Y DABEN   Los guías entran en contacto con tu alma, y su información fluye entonces a través de tu alma hacia tu consciencia, donde se traduce en palabras y conceptos a tu alcance. Hay un número infinito de formas en las que un guía puede transmitir información a nuestra alma. El estado de trance y el enfoque ayudan a despejar distorsiones de la personalidad para crear un «canal» despejado para que la información fluya a través de él.

Para canalizar, aumentas tu frecuencia mientras alcanzas un estado de trance y nosotros disminuimos la nuestra para que coincidan. No es una coincidencia energética exacta, sino complementaria. Creamos campos electromagnéticos en nuestra dimensión que son similares a los vuestros en vuestra dimensión. Al alinear nuestros campos energéticos, la transmisión puede tener lugar. Nuestra habilidad para «emparejar» nuestras frecuencias para una transmisión precisa es también importante. A medida que continúas canalizando, aprendemos por retroalimentación cómo monitorear nuestras transmisiones y controlar los campos electromagnéticos. Aprendes a rastrear nuestros campos con mayor precisión a medida que tienes más experiencia en la canalización. También te damos apoyos de energía inmediatos cuando entras en trance.

Para ayudarte a entender este asunto extremadamente complejo, imagina que sólo hay un universo. Piensa que no existimos en un universo aparte del tuyo, sino en el mismo universo en una frecuencia diferente. Permanecemos invisibles para ti hasta que alteres o expandas tu consciencia para que puedas recibir nuestros impulsos de pensamiento.

Somos conscientes de que todos y cada uno de vosotros os estáis elevando.

Podemos llegar hasta vosotros sólo cuando establecemos frecuencias que puedan coincidir con las vuestras y así abrir la puerta. Sólo vemos y oímos cuando ajustamos nuestras frecuencias de una manera que hace vuestro universo sea visible para nosotros. Cuando te elevas pidiendo un guía, cambias tu energía y te haces visible para nosotros. Tu intención de elevarte más es muy visible en nuestro universo, y nos damos cuenta de tu presencia cuando tratas de alcanzarnos. Incluso cuando os hacéis visibles, normalmente no os vemos como vosotros os veis. Os percibimos como patrones de energía, colores y armonías en movimiento. Percibimos su mundo como movimientos armónicos de energía y fuerza vital. Cuando solicitas una conexión con nosotros, empezamos a establecer frecuencias que coinciden en nuestra dimensión para hacerlo posible.

Nosotros los guías vemos tu realidad terrestre como el mundo tridimensional. Cuanto más alta es la dimensión, menores son las limitaciones u obstáculos. Cuando mueres, aumentas tu frecuencia de tal manera que te vuelves invisible para el plano terrestre, pero visible para otras realidades. Puedes atravesar las paredes o la materia física. No es la densidad de los muros lo que los hace infranqueables para ti ahora, sino la relación de tu vibración con la de ellos. A medida que aumentas tu vibración, las cosas que antes eran invisibles para ti se vuelven visibles, y los obstáculos, como las paredes, se vuelven transparentes para ti.

La canalización es una habilidad
que se puede aprender.

El cerebro está compuesto físicamente por los hemisferios derecho e izquierdo. Normalmente, el derecho se ocupa de la intuición, los sentimientos la comunicación no verbal, la creatividad y la inspiración. El lado izquierdo utiliza la memoria, la lógica, las palabras y el lenguaje. Su función es sintetizar, organizar y categorizar nuestras experiencias de forma racional. La mayoría de las veces, los guías transmiten al hemisferio derecho del cerebro, que es más receptivo y sensible a las impresiones. La canalización requiere establecer un tipo particular de flujo y una sincronización entre ambos hemisferios. Esto se consigue en los estados de trance más tranquilos y pacíficos, lo que permite una mayor receptividad a las esferas superiores.

La canalización requiere el uso simultáneo del hemisferio derecho y del izquierdo. Parte del reto de recibir un guía es dejarse llevar, aprender a recibir el flujo superior de información (una función del hemisferio derecho) y, al mismo tiempo, hablar o escribir (funciones del hemisferio izquierdo que implican acción, organización y vocabulario). Utilizar simultáneamente ambos hemisferios hace posible que los mensajes del guía se transmitan con precisión y exactitud.

A medida que canalizas, se establecen, se desarrollan y utilizan nuevos caminos a través de las neuronas de tu mente creando un cambio en tu modo normal de pensar. Cada vez que aprendes una habilidad nueva como escribir a máquina o dibujar, se desarrollan nuevos mensajes y vías neurales en tus músculos desde tus brazos hasta tu cerebro. Cada vez que atraes más luz a través de la canalización, piensas de forma más elevada y enfocada, incluso cuando no estés canalizando.

En la canalización consciente, el guía imprime el mensaje en tu mente a través de lo que podría llamarse telepatía superior. Éste es el tipo de recepción que fomentamos, en la que tú mantienes el control de tus músculos. Algunas personas «conocen» el mensaje (llamados clarisapientes), algunos «ven» la información (clarividentes) y algunas personas «oyen» la información (clariaudientes). Algunos reciben la transmisión como una riqueza de impresiones que luego convierten en palabras.

Algunos guías transmiten utilizando una forma de telepatía superior.

Como en toda telepatía, las ideas generales pueden transmitirse más fácilmente que imágenes específicas como nombres, fechas y detalles. Para desarrollar la habilidad de obtener detalles específicos a menudo se requiere un largo período de sintonía con tu guía. Muchas veces transmitimos imágenes de luz, impulsos de pensamiento y datos a nivel energético, y te permitimos que los sustituyas por la sustancia, la acción y las palabras exactas que más se acercan a la transmisión de energía que estamos enviando. Muchas transmisiones se envían mejor en forma de imágenes, y luego deben ser traducidas a palabras utilizando tu vocabulario y marco conceptual.

Algunos guías hablan con metáforas e historias con ejemplos ilustrativos. Otros trabajan directamente sobre la energía bloqueada. Algunos guías trabajan con el color, la forma y la figura. Otros hablan a través de tu boca o utilizan tus manos para los esfuerzos creativos. Algunos guías hablan de los centros de energía, otros de las vidas pasadas. Algunos hablan del propósito del alma y otros discuten las verdades superiores del universo. Algunos son poéticos, otros filosóficos, humorísticos o serios. Ocasionalmente, los guías desafían a las personas a través de una serie de preguntas directas para que encuentren sus propias respuestas en lugar de darles información.

Los guías elegirán un canal con un vocabulario o habilidad que se adapte a su trabajo conjunto. Los guías científicos pueden elegir canales con un vocabulario científico. Los guías artísticos pueden elegir artistas. Los guías filosóficos pueden elegir canales interesados en la filosofía, etc. Cuando los guías transmiten información ajena a tu vocabulario, buscarán las palabras más cercanas. Por ejemplo, al referirse a un órgano del cuerpo pueden describirlo en lugar de llamarlo por su nombre si el término no está en tu vocabulario.

Los guías utilizan tus palabras y conceptos para expresar sus mensajes.

A veces, cuando conectas con tu guía, las palabras acuden al instante a la mente. A veces, puede que simplemente sientas que las palabras se forman y se pronuncian sin saber de antemano lo que vas a decir. Un hombre dijo que veía las palabras justo antes de hablar como si salieran de una máquina de escribir. Simplemente leía el mensaje a medida que se escribía. Otros ven una pantalla con imágenes que van apareciendo y luego hablan o interpretan las imágenes. Los guías utilizarán el método que más se adapte a ti y a la información en ese momento. Los mensajes no siempre llegan a través de tu voz. Pueden llegar de cualquier forma en la que puedas expresarte, como, por ejemplo, enviando energía a través de tus manos en un toque. Los guías elegirán la forma más fácil de hacer llegar sus mensajes. Recibirás la información de la forma que te resulte más natural. El método de transmisión puede cambiar a medida que continúes canalizando.

Tu papel como receptor y traductor

ORIN Y DABEN   Dado que tú eres el que habla, podrías ver tu papel como el de un traductor. Es posible que tengas una «sensación» sobre la precisión de tu traducción de la transmisión o un «presentimiento» sobre lo que hay que decir. Puedes «sentir» la palabra correcta en lugar de la palabra que no es del todo correcta. Para mejorar tu precisión como traductor, presta atención a lo que sientes. Si de repente te sientes incómodo, deja ir lo que estabas canalizando y deja que surja otra dirección. Reduce la velocidad y presta atención a las palabras que llegan. Te indicaremos a través de una nota o sentimiento discordante si has elegido una palabra o concepto inapropiados.

Si te aburre la información que recibes, entonces es una señal de que has perdido la conexión con tu guía. A veces te encontrarás hablando y notarás que el impulso original de tu guía que subyacía a tus palabras ha desaparecido. Si necesitas buscar las palabras, baja la velocidad y habla muy despacio. Eso te dará tiempo para comparar el sentimiento correcto de las palabras con el flujo de energía que se está enviando a través de ti.

Después de una sesión de canalización, también podemos indicarte cómo puedes mejorar tu recepción. Puede que pienses en lo que has transmitido, reflexionando sobre cómo podrías haber hablado con más precisión, con más compasión o con un sentimiento más positivo. Tu preocupación reflejará nuestros intentos de mejorar la transmisión.

Se necesita practicar para recibir los mensajes
de tu guía con claridad.

Tu guía tiene que acostumbrarse a tus sistemas energéticos y realizar ajustes delicados y sutiles. Aunque a veces las palabras y los conceptos parezcan salir de tu mente, serán elevados a una vibración más alta, y serán pronunciados y enmarcados de una manera diferente. Quizás los mensajes más difíciles de canalizar son los obvios, o los que transmiten las respuestas que esperabas. A veces es más difícil canalizar para aquellos que amas o conoces bien porque una parte de ti puede saber ya la respuesta; y si tu guía dice lo mismo, puedes pensar que viene de ti y no del guía. La mayoría de los canalizadores con los que hemos trabajado transmiten los mensajes exactamente como los reciben con la mayor sinceridad. Si recibes algo que coincide con lo que ya sabes, no invalides el mensaje.

No todas las transmisiones tendrán formas o palabras, o ni siquiera conceptos, a los que se ajusten perfectamente. Siempre suele haber algo que se pierde en traducción. Cualquiera que sea traductor ya ha experimentado la dificultad de poner las palabras de un idioma en las de otro; los diferentes idiomas reflejan diferentes procesos de pensamiento. Al comenzar a canalizar, nos damos cuenta de qué palabras, frases o conceptos seleccionáis para que coincidan con nuestra transmisión. Somos capaces de observar tu personalidad, tus creencias y tus marcos conceptuales y ajustar nuestros impulsos de pensamiento en consecuencia. Seguimos de cerca tu traducción y afinaremos constantemente nuestra transmisión para que tu recepción sea un reflejo cada vez mejor de la esencia de lo que te estamos enviando.

A veces puedes sentir que estás recordando y hablando de una experiencia pasada mientras canalizas, y que parece encajar con la lectura. Puede parecer que estás utilizando tu memoria en lugar de canalizar a un guía. Tu guía puede que te haga hablar de una experiencia que acabas de tener, aunque parezca que está hablando de ella desde un nivel superior de sabiduría y comprensión.

Cualquier cosa que hagas que expanda tu conciencia
te ayudará a convertirte en un mejor canalizador.

Toda la lectura y exploración que hayas hecho aumentará los recursos que tienes disponibles para tu guía. Tu guía utilizará ideas que has leído y las sintetizará de una manera nueva. Puede tomar una idea que leíste hace diez años o usar algo que aprendiste ayer. Ten en cuenta que cualquier cosa que está en tu mente es una herramienta potencial para tu guía.

Cuando tu guía esté hablando con alguien, puede comunicarse contigo mentalmente: «Recuerda cuando leíste este libro. Recuerda este párrafo, recuerda este concepto». Puede resultar que sea exactamente lo que la persona a la que le estás leyendo necesita saber en este momento. Tu guía puede repasar tu mente y seleccionar algo dentro de tu memoria que sea apropiado para que lo digas en ese momento. Otro tipo de transmisión es proporcionarte una palabra «desencadenante». Podrías empezar recibiendo la palabra «ánimo». Al pronunciarla, toda una asociación de pensamientos e ideas se desencadenarán a partir de esa palabra.

Tu guía traducirá tu sabiduría personal a un marco más general. Te mostrará las lecciones universales que estás aprendiendo a través de sus experiencias y te ayudará a ver tu propia vida de una manera más elevada y espiritual. El guía también puede utilizar estas verdades universales para otros.

Los guías te animan a conectarte con la sabiduría de tu propia alma.

Para activar tu voz, normalmente utilizamos tus pensamientos. Cuando canalizas, somos la corriente subyacente a tus pensamientos, la parte que selecciona qué pensamientos activar, la que hace que tu mente hable de ciertas cosas de una manera particular. Iluminamos ciertas áreas de tu mente, y también activamos el conocimiento de tu propia alma. Nosotros no sacamos nuestras ideas, sino las palabras necesarias para expresarlas desde tu mente. Cuanto más rica sea tu mente en conocimiento y experiencia, más palabras tendremos para expresar nuestros impulsos de pensamiento.

Tu guía te llega a través de tu personalidad y tu voz, por lo que al principio se sentirá muy parecido a ti. Recuerda que, como estás acostumbrado a pensar que tu voz eres tú, cuando escuches a tu guía hablar, asociarás este sonido con tu propia voz. A menudo es más fácil creer que es tu guía el que habla si su voz es diferente, con un acento, un ritmo o un tono distinto al de tu voz normal.

El lenguaje es muy importante, y la precisión a menudo se convierte en una consecuencia de la magnitud de la imagen que comprendes. Tendríamos que escribir volúmenes enteros para explicarte lo básico para que entiendas muchos de nuestros conceptos. Al acortar el mensaje para ayudarte, se pierde parte de la precisión y exactitud, y existe la posibilidad de que se produzcan malentendidos. Nos movemos en el filo de la navaja, simplificando nuestros mensajes, manteniéndolos comprensibles y, al mismo tiempo, preservando la profundidad, la claridad, la sabiduría y la verdad tal y como existen a nuestro nivel.

A menudo transmitimos nuestros mensajes utilizando ejemplos, metáforas y comparaciones. En este proceso, siempre existe la posibilidad de una simplificación excesiva. Las excepciones o los casos especiales no siempre se incluyen. Puede que tengamos que crear palabras para explicar lo que queremos decir, ya que a menudo no existen palabras en vuestro vocabulario. A medida que crezcas y entiendas más, podemos transmitirte mensajes más complejos o de mayor alcance. Te damos los consejos que puedes utilizar y comprender en el presente. A veces sacas conclusiones erróneas de nuestros consejos porque no has visto el panorama general. La información que recibes sobre un tema en una etapa determinada de tu crecimiento se ampliará, aclarará y modificará a medida que crezcas. Por eso es valioso registrar y releer lo que lo que has canalizado. Al mirar atrás desde una fecha futura cuando se está al tanto de un panorama más amplio, a menudo se puede ver una interpretación de la información diferente a la que viste en un principio. Puedes ver una mayor sabiduría en el mensaje de tu guía de lo que originalmente sospechabas; el mensaje puede ser más profundo y significativo cuando lo analizas desde el futuro.

5 PREPARARSE PARA CANALIZAR

Cómo atraer a tu guía de nivel superior

ORIN Y DABEN   Tu primer encuentro con un guía es un momento especial, y es mejor prepararlo como un evento especial. Es una experiencia única, diferente para cada persona. Incluso aquellos que han recibido indicaciones de la presencia de un guía, descubren que el momento en que se realizan los últimos ajustes, justo antes de que se produzca la primera conexión completa, está cargado de expectación.

La invitación y la entrada real de un guía en tu vida pueden tener lugar de muchas maneras. Puede ocurrir bajo la supervisión o dirección de otro guía de nivel superior, o tú mismo puedes contactar con tu guía solicitando la conexión. Hemos diseñado este libro para mostrarte cómo contactar con tu guía. Los procesos de la sección II, capítulos 6 y 7, pueden servir de curso para convocar a tu guía. Puedes hacer el curso por ti mismo o con la ayuda de un amigo. Otra forma fácil de hacer el curso es grabártelo, usando los procesos de los capítulos 6 y 7 como guía para ayudarte.

Otra manera fácil de empezar es tener un amigo presente que pueda hacer preguntas, mantener la atención, creer en ti, escuchar y ayudar. Algunas personas encuentran más fácil canalizar cuando otra persona necesita ayuda o una respuesta, ya que el deseo de ayudar a los demás a menudo las estimula a superar sus dudas para hablar o conectar. Te damos instrucciones para tener el apoyo de un amigo en el capítulo 7.

En algún momento puedes querer canalizar con otra persona presente, ya que sus respuestas le dan a tu guía una retroalimentación adicional de la complejidad y el nivel de información que puede presentar. A medida que tú y tus amigos expresáis vuestra comprensión del mensaje, tu guía puede ajustar la transmisión en consecuencia. Tu guía puede entonces decidir si los mensajes deben simplificarse o pueden ser más complejos, y si necesita darte información o antecedentes adicionales.

Qué esperar la primera vez

ORIN Y DABEN La entrada de un guía de nivel superior es casi siempre suave, excepto en algunos casos raros en los que la vibración del guía es muy diferente a la tuya. Por nuestras experiencias y las de las muchas personas que hemos observado, los guías prefieren que dudes de su presencia antes que correr el riesgo de preocuparte o asustarte. Dado la mayoría de los guías entran con suavemente, tu trance casi siempre es ligero y tu propia consciencia está presente, es posible que te preguntes: ¿es producto de mi imaginación?

> *Los guías entran en tu aura con tanto cuidado*
> *que al principio puedes dudar de su presencia.*

Algunas personas comienzan a canalizar muy fácilmente. Con una buena alineación de los campos energéticos entre el guía y tú, es posible entrar en trance sin un largo período de transición o incomodidad física. Algunas personas tardan más en entrar en trance, necesitan tiempo para aquietar sus mentes, concentrar sus energías y alinearse con sus guías. Hay quienes sienten escalofríos o fuertes sensaciones físicas cuando los guías entran, pero es poco frecuente. Estas sensaciones suelen eliminarse a medida que la persona se abre y aprende a manejar la energía que fluye por su cuerpo. Las sensaciones más comunes son el calor y el hormigueo. Suelen estar presentes en el momento de la entrada de tu guía, pero a menudo remiten a medida que la canalización se desarrolla. Si experimentas alguna molestia, pide a su guía que te ayude a abrirte a su energía.

A medida que continúes canalizando, podrás sentir la presencia vibratoria de tu guía como diferente a la tuya. Los guías tienen una vibración que está más allá de tu rango normal de percepción, y puede que te lleve un tiempo distinguir entre tu guía y tú. Puedes notar cambios sutiles en tu cuerpo, en tu postura o en tu respiración. Puedes observar un cambio sutil en el ritmo, la velocidad o el patrón de tu voz. Algunas personas experimentan estas diferencias de inmediato, y otras no.

Tu guía profundizará en la conexión a medida que se haga consciente de tu capacidad para manejar su energía. Es posible que recibas sugerencias sobre cómo puedes aumentar la fuerza de tu conexión. Cada vez que canalizas, hay un vínculo más profundo y más fuerte con tu guía. Para mejorar tu percepción de tu guía, puedes imaginar que estás rodeado por un ser poderoso y amoroso que te acepta totalmente, que te protege, te cuida, te apoya y es sabio. Sigue imaginando que tu guía está allí y finalmente serás capaz de sentirlo guía como algo más que tu imaginación.

Puede que sientas la presencia de tu guía, pero que no veas una forma definida. Algunas personas ven luces y colores, y otras sienten como si estuvieran flotando en el espacio. El mundo de los guías está tan lleno de luz que a veces, al entrar en él, la gente se siente cegada. Es como pasar de una habitación oscura a una luz de sol brillante: hay que ajustarse antes de ver con claridad. Cuando la gente llega por primera vez a esta esfera superior, a veces se siente tan abrumada por todas las sensaciones que es incapaz de generar mensajes y consejos concretos. Perciben un mundo de una vibración superior, y puede pasar un tiempo antes de que puedan transitar por él.

Alcanzar a tu guía requiere la capacidad
de enfocarse y concentrarse.

Si tu mente divaga, puedes perder la conexión. Hasta que tu mente pueda mantener fácilmente el nivel de concentración requerido, es posible que necesites de usar tu voluntad para mantener una conexión firme y sólida, prestando atención a lo que tu guía está diciendo. Al hacerlo, es posible que tengas que dejar de lado cualquier pensamiento propio que se entrometa. Algunas personas lo han descrito como un estado de intensa escucha interior. A medida que adquieras habilidad, serás capaz de experimentar tus pensamientos y los mensajes de tu guía simultáneamente. Al principio, la información puede parecer confusa. Puede parecer que está «en la punta de la lengua», o que está más allá de tu alcance. Pero pasa a la idea siguiente, y puede que la idea inicial se aclare a medida que hablas de otras cosas.

Cuando lleguen las primeras palabras, es posible que tengas que pronunciarlas antes de que las siguientes fluyan. A menudo parece que estuvieras corriendo un riesgo, porque cuando se habla normalmente se sabe de antemano lo que lo que se va a decir. Cuando empieces a canalizar, deja que la información fluya. Puedes tener miedo de parecer ridículo, o pensar que estás atrayendo mensajes sin sentido. Déjate llevar, confía y juega como un niño; has de estar dispuesto a experimentár. Si la transmisión es demasiado rápida o lenta, pide a tu guía que ajuste el ritmo. A veces te encontrarás tan inundado de información que es difícil expresarla toda. Si estás viendo trozos de lo que parecen ser detalles no relacionados, escoge un área que te interese y empieza por ahí.

Al principio, no siempre es obvio que el guía sea de nivel superior a juzgar por la información transmitida. Con un guía de nivel superior, sin embargo, habrá una sensación buena, positiva y edificante. Los guías estimulan ciertas partes de tu cerebro, y al principio puede que no sean hábiles para trabajar contigo. La conexión puede tardar en formarse. Tus primeras palabras pueden no reflejar con exactitud las impresiones enviadas por tu guía. Durante este tiempo, como en cualquier proceso de aprendizaje, pueden surgir muchas dudas. Esto no es inusual.

La canalización va acompañada de una mayor conciencia y una sensación de bienestar.

Hay un período inicial de experimentación y ensayo y error mientras tu guía explora cómo transmitir a través de ti con la mayor claridad. Hay cientos de maneras de imprimir nuestros mensajes en tu conciencia, y nosotros elegimos el camino de menor resistencia. Cuanto más cómodo y a gusto te sientas con tu guía, más éxito habrá tenido éste a la hora de imprimir su mensaje en el camino sensorial correcto. Si el mensaje y el significado te parecen distantes, eso significa que tu guía no se está conectando a través de las vías más directas.

Tú y tu guía podéis conseguir pensamientos e ideas similares. A menudo sentirás como si actuaras como uno con tu guía. A medida que logras la sintonía y la armonía con él, el velo entre las esferas que os separan se hace más fino y tú mismo podrás ver y comprender muchas cosas nuevas.

La gente es capaz de canalizar mucho más fácilmente de lo que esperan.

La mayoría de la gente dice: «Es mucho más fácil de lo que pensaba» o «He experimentado esa sensación antes, me resulta muy familiar». Deja que sea fácil. Tu mayor reto será dejar que te hablen y no detener el flujo preguntando si realmente estás canalizando o simplemente te lo estás inventando.

Puede que te sorprenda la sabiduría que llega a través de ti. Cuando estés hablando, serás eclipsado por la presencia de la vibración superior. No busques mensajes ocultos, disfrazados, oscuros, vagos o crípticos. No estás buscando información enterrada. Di lo que puedas ver como obvio, ya que a veces lo obvio es lo más importante que hay que decir. Mientras estés en el espacio de un ser superior, la verdad será obvia y a menudo sencilla.

Ten en cuenta que cuando empieces a canalizar, no siempre transmitirás un mensaje verbal. Puede que tu guía simplemente trabaje contigo a nivel energético, expandiéndote, abriéndote y preparándote para la siguiente etapa de tu desarrollo. O bien, puedes recibir un mensaje interno o una imagen mental.

En algún momento después de haber empezado a canalizar, experimenta. Antes de llamar a tu guía, haz una pregunta y anota la respuesta que te venga a la mente. Luego llama a tu guía y haz la misma pregunta. Casi siempre encontrarás una respuesta diferente, una manera más amorosa y expansiva de ver el asunto.

Incluso si tú y tu guía tenéis la misma respuesta, es probable que encuentres un punto de vista ligeramente diferente.

Es especialmente importante en las primeras etapas grabar todo lo que se habla. Hay varias razones para ello. Te ayudará a comprender las etapas de tu progreso. Te permitirá mirar hacia atrás y ver la sabiduría de lo que has comunicado. Una mujer que no estaba segura de haber estado canalizando realmente tenía la información de su guía escrita a máquina. Encontró las notas tres meses después y se quedó paralizada al leerlas, impresionada por la sabiduría de la información. Las cosas que su guía le dijo que iba a experimentar, las había experimentado. La lectura de la transcripción la ayudó a creer en el valor de lo que estaba haciendo.

Hay otra razón para grabar lo que se canaliza. Una vez que las palabras son grabadas o escritas, se convierten en parte de tu realidad. Te ayudarán a crear una sabiduría aún más elevada en el mundo físico. Cada vez que grabas o escribes tus palabras, estás dando un paso hacia su manifestación al acercarlas a la realidad física.

Tu guía está siempre presente cuando le llamas.

La gente se pregunta: «¿Por qué mi guía está siempre presente cuando le llamo?». Déjame que te explique: existimos en un mundo más allá del tiempo y el espacio, y cuando nos comprometemos a trabajar contigo, somos conscientes de todo nuestro trabajo juntos. Si cambias de opinión, eso cambia el panorama, pero de momento tenemos una imagen completa de nuestro trabajo contigo. No tenemos ninguna experiencia del tiempo entre nuestras sesiones contigo. Para nosotros, no hay parada ni inicio, sino un hilo continuo que consiste en el tiempo que pasamos juntos. Cuando entras en trance, una parte de nosotros vuelve a estar en tu universo; esa parte no conoce el tiempo lineal y sigue siendo consciente de nuestro último momento juntos. A menudo lo experimentamos como lo que tu experimentas cuando una conexión telefónica va y viene. Simplemente esperamos la siguiente conexión potente. Tenemos una consciencia mucho más amplia que la tuya. Podemos manejar miles de cosas a la vez. Nuestra conexión contigo ocupa una porción muy pequeña de nuestra conciencia general, y parte de nuestro compromiso contigo es mantener un canal claro y constante cada vez que nos llames.

¿Tu alma o un guía?

ORIN Y DABEN   La gente suele buscar explicaciones sobre el proceso que se produce cuando comienzan a canalizar por primera vez. Se preguntan si están llegando a una parte de ellos mismos o si la sabiduría que están recibiendo viene de un guía. Algunas personas, cuando canalizan, experimentan a sus guías como entidades separadas. Otros sienten que están contactando con sus seres superiores o con sus almas. Examinemos estas percepciones.

Quizá te preguntes qué se siente al canalizar tu alma en lugar de un guía. Muchos de vosotros no sois conscientes de lo que siente vuestra propia alma, por lo que es difícil distinguir entre los pensamientos del «alma» y los impulsos de pensamiento de un «guía». Nos referiremos a tu alma como la parte más grande de ti que existe fuera de esta de esta dimensión, vive después de tu muerte, recuerda todas tus vidas, elige tu próxima vida y las oportunidades de crecimiento, etc. Hemos utilizado las palabras «alma», «fuente del ser» y «yo superior» indistintamente.

A menos de que seas consciente de las sutiles diferencias, puede ser difícil a nivel experiencial determinar si estás canalizando a un guía o transmitiendo la luz de tu alma. Con el tiempo y la práctica, podrás ser más consciente de la diferencia.

Todas las canalizaciones se hacen a través de tu alma.

Debe haber un consentimiento de tu alma antes de que podamos hablar a través de ti. Primero transmitimos a tu alma. Entonces tu alma envía el mensaje a tu mente. Seas o no consciente cuando canalizas, seguimos transmitiendo a tu alma. Por eso, incluso cuando no lo eres, la comunicación llevará algo de la huella de tu alma. Como el mensaje llega a través de ella, lo más probable es que el mensaje te resulte familiar.

Si buscas pruebas de que estás canalizando a un guía en lugar de a tu ser superior, puede que no las encuentres. Lo que constituye una prueba es diferente para cada persona. Puede que expreses información que crees que no habrías conocido por ti mismo, y puedes ser sorprendentemente preciso en sus visiones y predicciones. Esto podría ser una prueba para ti, pero no para otra persona.

Llegarás a tu propia conclusión al respecto. Algunas personas afirmarán que es su sabiduría superior, su alma, o su yo superior el que está hablando. Otras sentirán con certeza que es un guía. Si consigues el nombre de un guía y si sientes que es un guía que habla a través de ti, confía en tu propio conocimiento profundo.

Puede que sientas que es tu alma la que habla, no un guía. A veces es tu alma la que habla. Está bien canalizar tu ser superior o tu fuente del ser, porque eres un ser hermoso y sabio. La sabiduría de tu alma es mucho más grande de lo que te permites conocer. La sabiduría de los niveles superiores de tu fuente del ser puede ser tan profunda como la de un guía de nivel superior.

DUANE   Cuando observo a la gente canalizando, veo una diferencia real en sus campos energéticos cuando salen de lo que llaman su «yo intuitivo» –que yo percibo como una armonización y suavización de sus energías– y entran en el espacio de los guías, atrayendo información y un impulso de energía que proviene de algún sitio externo. Cuando le comento a la gente que la he visto cambiar, casi siempre puede identificar un cambio al mismo tiempo en sus sensaciones físicas, en sus pensamientos o en los mensajes que reciben.

Obtener el nombre de tu guía

SANAYA Y DUANE   Algunas personas consiguen el nombre de su guía enseguida. Algunos obtienen sonidos y letras, que más tarde se convierten en un nombre. Algunas personas dicen que se esfuerzan tanto por conseguir el nombre «correcto» que se confunden. Sólo después, cuando se relajan, consiguen saber el nombre. Otros consiguen un nombre semanas después de pedirlo, y algunos no lo consiguen nunca. Los guías nos han dicho que hay que preocuparse tanto por el nombre «correcto» como por que la gente se sienta bien con el nombre. Muchas personas descubrieron que el nombre cambió o se alteró durante los primeros días mientras canalizaban, hasta que tuvieron un nombre que les parecía bien.

Los guías dicen que obtener el nombre de tu guía directamente de él, en lugar de que otro guía te lo diga, fortalece tu conexión. Orin también dice a la gente: «No le des demasiada importancia a tener el nombre del guía al principio. En nuestro reino nos conocemos por los patrones de energía y buscamos el nombre que más se ajuste a nuestra energía, incluyendo nombres que tuvimos en otras vidas».

Algunas personas han observado que al recibir la primera letra o un sonido del nombre, podían trabajar con él por su cuenta hasta encontrar la combinación correcta de sonidos o letras. A veces, mientras leían algo, veían un nombre y sabían que era el de su guía. Algunas personas tenían varios nombres y varios guías. Una mujer tuvo doce guías que se llamaban a sí mismos el «Consejo de los Doce».

Otra mujer tenía tres guías, que se llamaban a sí mismos «Queridos». Un guía puede responder a la mayoría de las preguntas, pero de vez en cuando, dependiendo de la pregunta, puede que sea otro guía el que responda. Un hombre preguntaba constantemente a su guía por un nombre, pero su guía le decía «somos de los sin nombre». Otra mujer que tiene un guía muy educativo y sabio nunca ha recibido un nombre. Después de dos años, dejó de pedírselo. Sea cual sea la experiencia que tengas, será la correcta.

Muchas personas han buscado el significado de los nombres de sus guías y han descubierto que tienen un significado especial para ellos. Una mujer que trabaja con esencias florales sintió/oyó la energía de su guía y el nombre «Maya». Buscando el nombre más tarde, descubrió que significaba «la recogida de flores». Un hombre soñaba con lunas la noche que empezó a canalizar. El nombre que su guía le había dado era Margaret, y cuando buscó el nombre descubrió que derivaba de la palabra griega que significa «perla», que proviene de la palabra persa que significa «luna». Juega con el nombre y déjalo evolucionar.

Si te sientes preparado para aprender a canalizar, pasa al capítulo 6. Si quieres leer sobre nuestras experiencias y las de otros con la canalización, pasa al capítulo 10.

SECCIÓN II

APERTURA A LA CANALIZACIÓN

6 ALCANZAR
EL ESTADO DE TRANCE

Guía para usar los ejercicios

SANAYA Y DUANE Si quieres conectar con un guía de nivel superior y aprender a canalizar, los ejercicios y procesos que siguen te ayudarán a hacerlo. Se basan en los procesos que Orin y DaBen nos dieron para el curso de Apertura a la Canalización. Varios cientos de personas han utilizado estos procesos para abrirse a la canalización. Para este libro, Orin y DaBen han incluido información adicional para que tú, como lector, puedas aprender a canalizar sin nuestra ayuda directa o el seguimiento del curso. Orin y DaBen te proporcionarán orientación y asistencia energética para tu apertura si lo pides, y tu propio guía también te ayudará.

Lo mejor es utilizar estos ejercicios y procesos de forma secuencial. Avanza a tu propia velocidad, y comienza en el nivel de habilidad en el que te encuentres ahora. Los hemos puesto todos juntos para que puedas empezar desde el principio y recorrerlos todos en una tarde si estás preparado. También es posible que quieras hacerlos a lo largo de varias semanas. Mientras te abres a los cambios, sé cariñoso y paciente contigo mismo y permite que el juego dirija algunos de tus esfuerzos. Ten en cuenta que eres único y que tu experiencia será muy personal.

Como ocurre con cualquier nueva habilidad, es importante tener cierta disposición y voluntad para explorar áreas nuevas. Es común que la gente esté emocionada, incluso nerviosa o ansiosa, cuando se acerca a una oportunidad como la canalización. Realiza estos ejercicios y procesos sólo cuando te sientas preparado para aprender a canalizar. Si no te sientes preparado ahora, puedes saltarte esta sección e ir directamente a la sección III, capítulo 10, para leer sobre nuestras experiencias de canalización de otras personas. Si deseas canalizar, ese momento llegará probablemente mucho antes de lo que te imaginas.

Puedes prepararte para canalizar, incluso puede que ya hayas hecho mucho al respecto. Para empezar, debes ser capaz de alcanzar y mantener un estado de relajación, y desde este estado de relajación ser capaz de mantener la atención y la concentración durante al menos cinco minutos. Es posible que ya lo hayas logrado durante la meditación o la autohipnosis.

Si te sientes seguro al relajarte y concentrarte, realiza rápidamente los dos primeros ejercicios y pasa al tercero: «Sintonizar con la energía de la fuerza vital». Recuerda que la relajación y la concentración son elementos clave para la canalización, por lo que al desarrollar tus habilidades como canalizador, éstas serán áreas en las que puedes trabajar para aumentar fácilmente tu capacidad de canalizar cada vez con más claridad.

Si no puedes alcanzar fácilmente un estado de trance relajado y concentrado, entonces los dos primeros ejercicios te ayudarán. Pasa unos días familiarizándote con las técnicas de relajación y aprendiendo a concentrarte como se muestra en el ejercicio sobre la concentración. Una forma de condicionarse para el estado de trance es a través de audios de meditación guiada. Puedes hacerlos tú mismo o utilizar los que han hecho otros. Los pasos de los ejercicios y procesos se exponen de manera que puedas utilizarlos como guía para hacer tu propia grabación para conducirte a ti mismo al trance.

Hay veces que es mejor no trabajar con estos ejercicios o aprender a canalizar. Cuando se está enfermo, temporalmente en duelo o *shock*, o cuando se atraviesan momentos de crisis muy perturbadores, es mejor no aprender a canalizar. Del mismo modo, no hay que aprender a canalizar durante períodos prolongados de depresión o cuando estés exhausto o físicamente agotado. Es mejor hacer tu conexión con un guía cuando te sientas descansado, sano y positivo. Una vez que consigas una conexión clara con tu guía, podrás utilizar la conexión para ayudarte a salir de los estados emocionales negativos. Si tienes miedos, dudas o preguntas no resueltas, espera a canalizar hasta que los hayas examinado a fondo y hayas encontrado una solución aceptable.

El camino hacia la excelencia en la canalización es el mismo que para cualquier habilidad: estudio continuado, determinación, intención de triunfar, un amor sincero por el proceso y la capacidad de respuesta a aquellas cosas que te ayudan a mejorar. El mayor maestro de todos es tu deseo de convertirte en un canal excelente y claro.

Los ejercicios y procesos que encontrarás a continuación están estructurados y representan una forma de aprender a canalizar. Cada vez que los utilices llega tan alto como puedas y crecerás en tu capacidad para llegar elevarte y conectar con las esferas superiores. Utiliza estos procesos cuando te abras por primera vez, o crea tus propios procesos a partir de ellos. Una vez que hayas aprendido a canalizar, y estés familiarizado con la experiencia, te animamos a dejar las formas y procesos que has aprendido aquí y desarrollar tu propio estilo. Entrarás en trance fácilmente con poco o ningún ritual.

Hay gente que nos ha preguntado: «¿Necesito rodearme de luz blanca?». Puedes empezar por rodearte de una imagen de una burbuja de luz blanca. No estás usando la luz para protegerte, sino para aumentar tu vibración. La única vez que utilizamos la imagen de una burbuja de luz es cuando ayudamos a los demás, ya que parece ayudar a la gente a dejar de lado las dudas y permanecer en un estado más elevado. Cuando Sanaya entra en trance como Orin, se experimenta a sí misma como dejándose llevar y entregándose a un ser superior. No se rodea de una burbuja de luz antes de que entre Orin, porque cuando Orin entra, él ES luz.

Lo mejor es adoptar una actitud de alegría en cualquier canalización. Permanece en el gozo. Experimenta. No dejes que nada se convierta en una obligación o un «debería». Cuanto más te acostumbres a los estados de canalización, más descubrirás las sutilezas que existen en estos espacios. Los espacios a los que puedes viajar cuando canalizas son infinitos. Son puertas hacia nuevas e ilimitadas experiencias de crecimiento.

Para practicar las técnicas de relajación, ve al ejercicio «Lograr un estado relajación». Una vez que hayas conseguido relajarte, pasa al ejercicio «Mantener el enfoque y la concentración». Una vez que hayas dominado ambos, ve al ejercicio «Sintonizar con la energía de la fuerza vital».

EJERCICIO DE ORIN Y DABEN

Lograr un estado de relajación

Objetivo: Este ejercicio es una preparación básica para entrar en trance. Queremos que tu experiencia de canalización sea relajante, fácil y alegre.

Preparación: Escoge un momento en el que no te molesten durante al menos diez o quince minutos. Apaga el teléfono. Si hay otras personas en la casa, hazles saber que quieres estar solo y cierra la puerta. Es sorprendente cómo un estado de paz y meditación puede atraer a los niños y a las personas que de repente quieren hablar contigo. Crea un entorno agradable y relajante a tu alrededor. Ponte ropa suelta, es importante que te sientas cómodo. Escoge una hora en la que te sientas bien despierto. Si acabas de comer o estás cansado, espera hasta más tarde. Pon una música suave y tranquilizadora.

Pasos:

1. Encuentra una posición cómoda para sentarte, ya sea en una silla o en el suelo, que puedas mantener fácilmente durante diez o quince minutos.

2. Cierra los ojos y comienza a respirar tranquila y lentamente, haciendo una veintena de respiraciones lentas, rítmicas y conectadas con el pecho.

3. Deja que todas tus preocupaciones desaparezcan. Imagina que se desvanecen. Cada vez que aparezca un pensamiento, imagínatelo en una pizarra, y luego bórralo sin esfuerzo o imagina que pone cada pensamiento en una burbuja que se aleja flotando.

4. Relaja tu cuerpo. Siente que te vuelves sereno, tranquilo y calmado. En tu imaginación, recorre tu cuerpo, relajando cada parte. Relaja tu cuerpo con la imaginación, relajando cada parte. Relaja mentalmente los pies, las piernas, los muslos, el estómago, el pecho, los brazos manos, hombros, cuello, cabeza y cara. Deja la mandíbula entreabierta, y relaja los músculos alrededor de los ojos.

5. Coloca una burbuja de luz blanca a tu alrededor. Imagina su tamaño, forma y brillo. Juega a hacerla más grande y más pequeña hasta que te parezca bien.

6. Cuando estés tranquilo y relajado y estés listo para volver, lleva tu atención lentamente a la habitación. Saborea y disfruta de tu estado de calma y de paz.

Evaluación: Si te sientes más tranquilo y relajado de lo normal, no como te imaginas que se sienten los demás, sino como te sientes tú, pasa al siguiente ejercicio, «Mantener el enfoque y la concentración».

Si no te sientes más tranquilo y relajado de lo normal, detente y vuelve a hacer el ejercicio en otro momento, o repasa los pasos y dedica más tiempo a relajar cada parte del cuerpo, o intenta inventar tus propios procesos o pensamientos que te lleven a un estado más relajado y tranquilo. Si no consigues relajarte, normalmente es suficiente con practicar todos los días durante veinte minutos más o menos durante una o dos semanas para acostumbrarse a una relajación más profunda y a la quietud interior. Este método no es absolutamente esencial, pero ayuda a acostumbrarse al estado mental más adecuado para la entrada de un guía.

Enfoque: Un elemento del espacio de canalización

ORIN Y DABEN Un aspecto importante de la canalización es la capacidad de centrarse para poder recibir y emitir energía al mismo tiempo. Si estás sanando a alguien, querrás actuar como un canal que recibe la energía superior al mismo tiempo que realizas cualquier función que se requiera. Si estás canalizando energía verbal con tu guía, querrás recibir información de tu guía al mismo tiempo que hablas. Para algunas personas, el reto de la canalización es que reciben fácilmente, pero les resulta difícil hablar al mismo tiempo. Este tipo de destreza mental y física puede aprenderse.

Cuando la gente se sienta a meditar o a relajarse, todo lo que tiene en su mente puede empezar a aflorar. Una mujer dijo que cada vez que se sentaba para canalizar, pensaba en todo lo que tenía que hacer. Pensaba en las personas que había olvidado llamar, en las cartas que tenía que contestar y todas las cosas de la casa que tenía que arreglar. Decidió llevar un bloc de papel para anotar estos pensamientos a medida que fueran surgiendo. Una vez que supiera que estaban registrados, podía relajarse y entrar en un trance más profundo. Dijo que si no los anotaba, se preocuparía tanto por la posibilidad de olvidarlos que tendría dificultades para seguir, y finalmente acabaría deteniéndose. Esto le funcionó. Si tienes el mismo problema, comprueba si también a ti te funciona.

Pasar tiempo acostumbrándose a los estados expandidos de conciencia es importante. Aprende a acallar el flujo normal de tus pensamientos y concentrarte en una idea a la vez. No te preocupes si te resulta difícil concentrarte ahora, a medida que continúes, te resultará más fácil. Tu capacidad de concentración y lograr una atención en un solo punto es lo que permite una clara conexión con tu guía.

EJERCICIO DE ORIN Y DABEN

Mantener el enfoque y la concentración

Objetivo: La mente es naturalmente rápida y activa. Para canalizar, la mente necesita desarrollar cierto grado de habilidad para dirigir esta velocidad y actividad para concentrarse en el flujo de información proveniente de tu guía.

Preparación: Debes lograr un estado de relajación tanto física como emocional. Puedes escuchar una música muy relajante y tranquilizadora si lo deseas. Si quieres, puedes tener cerca papel y bolígrafo.

Pasos:

1. Cuando te sientas relajado, elige una cualidad *positiva* que te gustaría atraer a tu vida. Puede ser algo como amor, compasión, alegría o paz.
2. Cuando pienses en esa cualidad, imagina de cuántas maneras podrías experimentarla en tu vida. ¿Cómo cambiaría tu vida si te sintieras así? ¿Qué harías diferente si tuvieras más de esa cualidad? ¿Cómo cambiaría tu relación con los demás?
3. Mantén las imágenes y los pensamientos claramente en tu mente durante todo el tiempo que puedas. Inténtalo durante al menos cinco minutos.
4. Observa los pensamientos perturbadores que surgen sobre temas no relacionados. Si son importantes y necesitas recordarlos, anótalos para poder apartarlos de tu mente.

Repite el ejercicio más adelante centrándote en un objeto como una flor, un cristal o cualquier cosa con la que sientas afinidad. Esta vez observa el objeto anotando su color, tamaño y detalles durante al menos cinco minutos, sin que los pensamientos se entrometan.

También puedes intentar imaginar a un ser grandioso, un maestro, sentado frente a ti. Imagina que estás mirando a los ojos del maestro y que te alineas con su vibración superior. Comprueba si puedes mantener esta imagen y conexión durante al menos cinco minutos seguidos.

Evaluación: Observa cuánto tiempo eres capaz de mantener la concentración. Cinco minutos es un buen comienzo. Si no puedes mantener este enfoque durante por lo menos cinco minutos, comienza con un minuto cada día durante una semana o hasta que puedas mantenerte concentrado durante al menos cinco minutos seguidos. Cuando puedas mantener la concentración durante cinco minutos o más, pasa al siguiente ejercicio, «Sintonizar con la energía de la fuerza vital».

EJERCICIO DE ORIN Y DABEN

Sintonizar con la energía de la fuerza vital

Objetivo: Al canalizar, necesitas sentir la presencia de tu guía a un nivel intuitivo y de sentimiento. Sentir las vibraciones sutiles de la energía de la fuerza vital comienza a abrir tu conciencia.

Preparación: Debes ser capaz de relajarte y haber dominado la concentración durante al menos cinco minutos, como en el ejercicio de «Mantener el enfoque y la concentración». Prepárate de la misma manera que para el ejercicio «Lograr un estado de relajación», incluyendo el uso de música. Busca un momento en el que no haya interrupciones y un lugar en el que no te molesten. Ten a mano cristales y flores. (Se necesitan dos cristales, preferiblemente cuarzo real y amatista, uno de cada, y dos flores o plantas, de cualquier tipo que puedas tocar).

Pasos:
Encuentra una posición cómoda, relaja tu cuerpo, calma tus pensamientos y tus emociones. Permítete al menos dos o tres minutos para relajarte. Imagina que llamas toda tu a energía de vuelta a ti mismo desde cualquier lugar del universo. Imagina que dejas

ir de la energía de cualquier otra persona que hayas tomado y la envías hacia arriba.

Toma uno de los cristales en tu mano derecha. Envía tu bienvenida al cristal. Siente su patrón perfecto. Imagina que cada cristal tiene un tipo especial de energía que puede desarrollar algo bueno para ti. Siente realmente la energía de este cristal. Mentalmente, pregúntale al cristal sobre su propósito. Intenta poner palabras a lo que estás sintiendo. Dedica al cristal al menos dos o tres minutos de atención.

Deja ese cristal y recoge el otro. Haz lo mismo con este cristal y fíjate en las diferencias que percibas entre ellos. Puede parecer que la energía proviene de tu propia imaginación. Así es como debe ser. Fíjate en que PUEDES sentir la energía a este nivel sutil.

Guarda los cristales y coge una de las flores o toca una de las plantas. Saluda a esta flor o planta e intenta conocerla. Nota que puedes percibir su vida, su energía. Pasa al menos dos o tres minutos percibiéndola y saludándola.

Déjala y coge la otra flor o toca la otra planta. Saluda a esta flor o planta y conócela. Observa cómo eres capaz de sentir su vitalidad, su energía. Observa las diferencias de energía entre las dos flores o plantas.

Sal por completo del trance, estira el cuerpo, abre los ojos.

Mientras recuerdas tus percepciones, llénate de la convicción de que eres capaz de sentir fácilmente las energías sutiles de otras formas de vida. Recuerda todas las cualidades y diferencias de la fuerza vital de los cristales y las flores.

Evaluación: Si eres capaz de sentir estas vibraciones sutiles, incluso si es muy poco, aunque parezca que te lo estás imaginando, eso es bueno. Pasa al ejercicio siguiente, «Postura y posición durante el trance». Si no puedes sentir nada, repite este ejercicio en otro momento hasta que puedas sentir.

EJERCICIO DE ORIN Y DABEN

Postura y posición durante el trance

Objetivo: Encontrar la postura y la posición que te ayude a soportar mejor tu trance y te permita alcanzar y armonizar con niveles espirituales superiores.

Preparación: Haber completado el ejercicio de «Sintonizar con la energía de la fuerza vital» y tener una capacidad básica de relajación y concentración. Lleva ropa suelta y siéntate en una posición cómoda y erguida, en el suelo o en una silla. Siéntate recto y de modo que las vértebras estén una encima de otra, en una posición que puedas mantener durante veinte minutos más o menos. Si estás en el suelo, es posible que desees colocar una almohada bajo las nalgas. Lo mejor es que tu cuerpo físico tenga un cierto nivel de confort, lo que no significa necesariamente que esté libre de dolor, pero sí que cualquier dolor o molestia no te distraiga. El entorno no debe ser demasiado cálido ni demasiado frío. Pon música que te ayude a elevarte a un sentimiento espiritual superior.

Pasos:
Cierra los ojos y empieza a relajar el cuerpo, calma tus emociones y aquieta tu mente. Dedica al menos dos o tres minutos para relajarte y contener tus pensamientos. Reúne en ti mismo toda la energía que hayas distribuido en el universo.

Imagínate que vas a realizar un viaje hacia arriba, hacia las esferas superiores de amor y luz. Ajusta tu energía de manera que empieces a sentirte en un espacio espiritual elevado. Utiliza cualquier imagen que te ayude a evocar este sentimiento especial. Imagínate por un momento que estás bajo las estrellas o rememora el sentimiento de veneración que alguna vez tuviste en una iglesia o un templo. Conéctate con lo que pueda llevarte a un espacio superior y siéntete en comunión con el dios interior.

Déjate llevar por el flujo de ese estado de ánimo. Es posible que quieras ajustar tu posición. Experimenta con *ligeros* movimientos de la cara, el cuello y los hombros. Descubre qué posiciones te permiten sentirte más expansivo y pensar de forma más elevada. Respira profundamente con la parte superior del pecho. Observa cómo cambia tu postura y cómo tu cabeza adopta una posición diferente. Deja que tu cabeza se sienta como si flotara. Puede estar ligeramente inclinada hacia delante o hacia atrás, hacia la derecha o hacia la izquierda. Juega con el ángulo de la cabeza. Deja que tus pensamientos se ralenticen. Deja que tu estómago se relaje. Observa cómo algunos pequeños movimientos en la postura o la posición producen grandes cambios en cómo te sientes.

Experimenta tus sentidos internos. Escucha a través de todos tus sentidos. Nota qué parte de tu parloteo interno y de tu ajetreo desaparecen de la actividad interna. Observa también que eres más consciente de tu entorno, de la habitación, los sonidos, y las energías. Deja que esa conciencia te impulse hacia arriba.

Observa tu respiración. Deja que tus manos y tus muñecas se relajen. Puede que incluso sientas un poco de hormigueo y calor cuando empieces a abrir el canal a una energía superior. Permítete abrirte a las esferas superiores más allá del plano terrestre. Imagina todas las células de tu hemisferio derecho, tu mente receptora, reflejando perfectamente los planos superiores de la realidad, como si fueran espejos. Imagina que la energía superior fluye desde tu hemisferio derecho hacia el izquierdo, tu mente consciente, con perfecta precisión y claridad. Observa tu mente como si fuera un claro lago de montaña que refleja las esferas superiores. Dedica unos minutos a absorber esta vibración superior.

Elévate tanto como puedas con tu mente. Puede que sientas una sensación de amor y compasión mayor que la habitual. Permítete sentirte centrado, equilibrado, relajado y abierto. Experimenta entrando y saliendo en este espacio. Observa cómo tu cuerpo sigue el cambio. Observa cómo puedes influir en esta sensación directa y espontáneamente con tus pensamientos.

Cuando hayas explorado algunas de las posibilidades de este espacio, vuelve a la habitación totalmente presente y alerta.

Practica estar en este espacio de canalización en diversas circunstancias y lugares. Aprende a identificar los momentos del día en los que puedes estar en un espacio de canalización espontánea concentrándote en la solución de un problema; derramando amor a alguien, quizás ayudándole con un consejo; pintando, dibujando, enseñando, etc. No dejes que ninguna postura o conjunto de circunstancias en particular se convierta en un ritual o una necesidad. Aprende a establecer un buen vínculo o estado de canalización en todo tipo de circunstancias.

Evaluación: Si has podido obtener una sensación de amor y compasión mayor de lo normal o un sentimiento de expansión durante este ejercicio, pasa al capítulo 7, «Conectar con tu guía». Si te ha resultado particularmente difícil, puede que lo estés complicando más de lo que es. Relájate, deja de lado tus pensamientos sobre cómo deberías sentirte y vuelve a trabajar con este ejercicio a tu propio ritmo.

7 | CONECTAR
CON TU GUÍA

Saludo y bienvenida

ORIN Y DABEN   ¡Es ahora! El momento para abrirse a la canalización es ahora. Has soñado con él, has leído al respecto, has pensado en ello y ¡ahora lo harás!

En el primer proceso serás recibido por los guías y llamarás a tu guía especial; mantendrás una conversación «mental» con él o con ella. Podrás determinar si se trata del guía al que vas a canalizar verbalmente. Si lo es, puedes ir al siguiente proceso, «Canalizar verbalmente a tu guía».

Si ya ha pasado cierto tiempo desde que comenzaste a leer este libro, te sugerimos que repases los capítulos 3, 4 y 5, sobre quiénes son los guías, qué sentirás al canalizar y cómo se comunican contigo.

Continúa con estos procesos únicamente si te sientes preparado, estás sano, te sientes emocionalmente positivo y consideras que has resuelto la mayor parte de tus preguntas sobre cómo reconocer a tu guía superior. No te olvides de que no estás solo en esta empresa, y que una de las razones por las cuales canalizar puede resultar tan sencillo es porque vas a recibir ayuda de tu guía.

Proceso de Orin y DaBen

Ceremonia de bienvenida a la esfera de tu guía y vuestro primer encuentro

Objetivo: Darte la bienvenida a la esfera de tu guía y permitirte adquirir una impresión consciente del guía al que canalizarás.

Preparación: Realizar los ejercicios de sintonizar con la energía de la fuerza vital y postura y posición durante el trance, en el capítulo 6, antes de continuar con este proceso. Ponte música tranquila y hermosa que te produzca un sentimiento de respeto y que sea edificante; selecciona melodías que anteriormente te hayan ayudado a expandirte, como durante la postura y posición del trance.

Pasos:
1. Entra en tu postura de trance y asegúrate de que sea una posición cómoda con la espalda erguida. Examina de nuevo la posición de tu cuerpo, comenzando por los pies. Observa la colocación de las manos, la espalda y las piernas. Sé consciente de tu respiración. Cierra los ojos y haz respiraciones profundas. Entra en el estado de trance que ya has practicado.
2. Imagínate que te estás elevando cada vez más, que trasciendes la realidad cotidiana y entras en una dimensión superior

de amor, luz y alegría. Imagínate que estás bañado de luz y siente el espacio que te rodea, lleno de una luz blanca, hermosa y suave.

3. Imagina que se te acercan muchos seres de luz para reunirse contigo. Siente el amor e interés que manifiestan por ti. Abre tu corazón para recibirlos. Imagínate que hay puertas que se abren entre tu realidad y la suya. Percibe la presencia de muchos seres elevados y amorosos que se encuentran a tu alrededor, que te dan la bienvenida a las esferas superiores llenos de alegría y amor incondicional. Imagínalos creando una puerta para ti.

4. Percátate de que no una casualidad que establezcas esta conexión. Observa la cadena de acontecimientos que te han conducido hasta este momento, encuentros fortuitos, libros y cambios que han tenido lugar en tu vida. Tu guía y los guías son conscientes de ti y te reservan una bienvenida especial cuando te acercas a ellos.

5. Imagínate que hay una puerta enfrente de ti. Al otro lado de esa puerta existe un mundo de luz, vibración superior y crecimiento para ti. Ve al interior, dentro de tu corazón y pregúntate si estás preparado para establecer un mayor compromiso contigo mismo y con tu trayectoria de servicio. Cuando lo estés, *cruza esa puerta*. (Si no estás preparado ahora, no pasa nada, y no hay inconveniente en que cruces la puerta incluso semanas después). Siente la luz que cae sobre ti, sanándote y limpiándote. Acepta este nuevo nivel de luz en tu vida. Ten conciencia de que ésta es una puerta muy real y de que empezará a cambiar cuando la cruces.

6. Hay un plan para la evolución de la humanidad que muchos seres superiores están difundiendo. Siéntate en silencio imagina que te estás conectando con esa difusión. Supón

que tus energías se alinean con este plan para que tu camino se desarrolle a partir de hoy y todo cuanto hagas esté de acuerdo con un plan superior. Serás un canalizador para la luz de cualquier manera que decidas seguir tu crecimiento.

7. Sigue ajustando tu postura al subir cada vez más. Solicita al maestro y guía más elevado que está alineado contigo que se presente. Imagina que tu guía, un guía verdaderamente especial, se acerca. Presiente a este guía, siente su amor por ti. Ábrete para recibirle. Siente que tu corazón da la bienvenida a este guía. Siente la respuesta. ¡Has de creer que todo esto está ocurriendo de verdad! Tu imaginación es la capacidad más cercana a la de canalizar y es la conexión más sencilla que tu guía puede tener contigo al principio.

8. ¿A qué se parece tu guía, como lo percibes? Deja que las impresiones entren. No le censures ni juzgues las sensaciones, imágenes, impresiones o informaciones que recibes. Familiarízate con esta sensación elevada de tu guía.

9. Saluda mentalmente a tu guía. Pregúntale si procede de la luz. Afirma que tú estás pidiendo el guía más elevado que esté alineado con tu bien superior y tu camino espiritual. Quizá desees mantener una conversación mental con este guía hasta sentirte cómodo con la idea de permitirle que se acerque más a ti. Si no te sientes cómodo con este guía, pregunta si tiene algo valioso que comunicarte y luego pídele que se marche. Vuelve a solicitar un maestro de la sanación elevado que se acerque a ti (si tienes dudas en este punto, regresa de nuevo al capítulo 4). Cuando te sientas a gusto con un guía, continúa con el siguiente paso.

10. Pídele a tu guía que empiece hacer todo lo que pueda para abrir al canal, pues ya te has comprometido y estás dispuesto a canalizarlo verbalmente. Pídele a tu guía que te envíe

una señal mental si necesitas algo más para prepararte a canalizar verbalmente.

11. Cuando tengas estos mensajes, dales las gracias a todos los seres de luz y siente que te aprecian. Da las gracias a tu guía y pídele que te ayude a prepararte para canalizar verbalmente. Despídete y regresa lenta y tranquilamente a tu realidad normal. Ahora has establecido la conexión con el guía a que canalizarás verbalmente.

Evaluación: Si pudiste atravesar la puerta y fuiste capaz de percibir mentalmente a tu guía, pasa al siguiente proceso, «Canalizar verbalmente a tu guía».

Si pudiste atravesar la puerta, pero no pudiste sentir o hablar mentalmente con tu guía, repite este proceso en otro momento. No pases al siguiente proceso hasta que hayas conocido y conversado mentalmente con tu guía. Si no te sientes preparado para atravesar la puerta, no pases al siguiente proceso. Atravesar esta puerta y establecer un mayor compromiso contigo mismo son grandes pasos. Antes de continuar, tal vez quieras leer las experiencias de Sanaya, Duane y otras personas con la canalización en los capítulos 10 a 13. Cuando decidas atravesar la puerta, vuelve y repite este proceso hasta que establezcas una buena conexión mental con tu guía.

SANAYA Cuando Orin me ofreció por primera vez la oportunidad de atravesar la puerta, tardé tres semanas en decir «sí». Lo pensé intensamente de antemano. A los pocos días de atravesar «mentalmente» esta puerta, mi vida empezó a cambiar drásticamente. Las oportunidades de servir y ayudar a los demás empezaron a llegar de todas partes. La experiencia de Duane fue casi idéntica. Él también se tomó su tiempo para pensar antes de comprometerse. Él también experimentó cambios impresionantes en cuestión de días.

PROCESO DE ORIN Y DABEN

Canalizar verbalmente a tu guía

Objetivo: Este proceso sirve para atraer a tu guía con tu voz, obtener el nombre de tu guía y responder a preguntas en estado de trance.

Preparación: Haber realizado todos los ejercicios y procesos anteriores. Lee detenidamente todo este proceso antes de empezar, para que estés familiarizado con su orientación general. Cuando canalices verbalmente, utiliza una grabadora. Obtendrás una visión inestimable al escuchar de nuevo la canalización. Fíjate en dónde está el micrófono de tu grabadora, para que no lo alejes de ti o lo tapes, o bien utiliza un micrófono independiente. Etiqueta la grabación con la fecha y el tema sobre el que estás canalizando. Prueba antes la grabadora y los micrófonos y siente cómo tu voz conecta con ellos. Éstos son tus dispositivos de transmisión. Ellos te ayudan a grabar tu canalización y a guardarla para su uso futuro. Pon luz alrededor de la grabadora y los micrófonos, y visualiza que reciben tu canalización. Cuando estés en estado de trance, puede que te encuentres con que las cosas mecánicas suelen dar problemas. Recuerda encender la grabadora y pulsar los botones adecuados.

Asegúrate de haber leído las secciones anteriores sobre la primera incorporación de un guía y la obtención de su nombre. Ten preparadas las preguntas para tu guía, incluidas las personales. Puedes grabarlas y tenerlas listas para reproducirlas en una grabadora aparte. Si estás con un amigo, dale las preguntas para que te las haga, y asegúrate de que ha leído las instrucciones para ayudar y guiar a un compañero durante el primer encuentro.

Te sugerimos que no permanezcas en trance más de unos cuarenta minutos la primera vez. No hay peligro con períodos mayores, pero pueden ser agotadores. Si en algún momento la conexión se debilita o sientes que te cansas, sal completamente del trance. Has hecho la primera conexión, habrá muchas más. Espera una hora más o menos antes de volver a entrar en trance.

Pasos:

1. Si lo deseas, pon una música especial que te ayude y busca una posición cómoda y erguida para sentarte. Cierra los ojos y ponte en posición de trance y entra en tu estado de trance. Respira profunda y lentamente con la parte superior del pecho. Imagina una luz dorada que entra en un lugar de la parte posterior de tu cabeza y la parte superior del cuello para activar la conexión. Si quieres, rodéate de la imagen de una burbuja de luz blanca.

2. Ahora, imagina que la energía y la luz fluyen hacia tu garganta y tus cuerdas vocales. Abre estas zonas a la energía elevada y luminosa de tu guía. Una forma de hacerlo es decir la palabra «om» en cada espiración. Relájate aún más y repite el sonido durante varios minutos. Deja que el sonido y la vibración te eleven.

3. Ten la creencia de que puedes realizar esta conexión con facilidad. Ajusta tu energía para que sientas que te conectas con las esferas de luz y amor. Imagina que vuelves a ir hacia arriba expandiendo tu ser y que los guías están una vez más creando una puerta para que la atravieses.

4. Llama al mismo guía que conociste antes. Dale la bienvenida de nuevo. Puede que quieras hablar mentalmente con este guía una vez más. Asegúrate de consideras a este guía elevado, cariñoso y sabio. Cuando te sientas seguro y prepa-

rado, procede a dejar que tu guía entre en tu aura y energía más estrechamente.

5. Ahora imagina que estás invitando a tu guía a entrar más plenamente en tus sistemas energéticos. Imagina que tu guía está penetrando suavemente en tu aura, y, suave y amorosamente, se acerca a ti. Siente que la presencia de tu guía se hace más fuerte. Sigue estrechando más la conexión. Pide a tu guía que te ayude. Puede que quieras seguir haciendo pequeños cambios en tu postura, en la posición de la cabeza y el cuello para intensificar la conexión y mantener abierta la energía en la parte posterior de la cabeza y el cuello. Imagina que tu guía se une a ti, de modo que estás sentado en su luz, pero sabiendo también que tu energía personal es inviolable. Imagina que tu sensación de yo es fuerte y tu sentimiento de «yo» se mantiene intacto.

6. Ahora deja que tu guía entre de lleno en tu aura. La vibración de tu guía es muy ligera, amorosa y sabia, y es muy probable que sientas una presencia amorosa que te cubre. Tu guía puede sentir como si estuviera amplificando lo mejor de ti. Debería haber una sensación de bienestar. Continúa abriéndote sólo si tú sientes que el guía es un ser elevado y afirma que viene de la luz. Si hay una sensación de pesadez, resistencia o negatividad, no sigas trayendo a este guía. Pide un guía superior y exige que este guía se vaya.

7. Percibe tus emociones. A menudo hay un sentimiento de compasión cuando nos unimos a ti, ya que somos seres de amor, de calma y tranquilidad. Sabemos que se necesita práctica y tiempo para fortalecer la conexión. Puedes llamar a nuestra energía, Orin y DaBen, para que te ayudemos en tu apertura. Te aplaudimos por tu deseo de hacer esta conexión inicial.

8. Ahora imagina que la conexión se hace aún más fuerte. Si tu mente dice: «Me pregunto si soy sólo yo» o se pregunta: «¿He conectado realmente con un guía?», deja que ese pensamiento desaparezca, y por el momento cree que, efectivamente, has conectado con un guía de nivel superior, incluso si no puedes sentirlo o probarlo.

9. Enciende tu grabadora. Pregunta a tu guía por un nombre o sonido por el que puedas conocerle. Date tiempo suficiente. Si no recibes un nombre, pregunta por la primera letra o sonido. Asegúrate de anotar el nombre. Es posible que tú y tu guía cambiéis el nombre a lo largo de las siguientes semanas. Algunas personas descubren que hay más de un guía presente y pueden recibir varios nombres. Si consigues un nombre, pasa al siguiente paso. No pasa nada si no obtienes un nombre al principio –o nunca–, no todos los todos los guías eligen adoptar uno, después de un tiempo, pasa al siguiente paso.

10. Comienza a canalizar haciendo preguntas a tu guía. Elige las preguntas de la sección «Preguntas que debes hacer a tu guía cuando empieces a canalizar». Si tienes dificultades para recibir respuestas a las preguntas de naturaleza universal, hazle a tu guía preguntas de interés personal. Si no recibes respuestas específicas, prueba a ver si recibes imágenes o símbolos, y luego dilos. Si no recibes respuestas a las preguntas y no recibes imágenes, pide a tu guía que abra y refuerce la conexión. A continuación, para la conexión verbal, describe cualquier sensación física o lo que sea que estés sintiendo en voz alta. Graba tus respuestas. Si te resulta difícil hablar directamente, como si fueras el guía, transmite los mensajes indirectamente, como «mi guía dice…» para empezar. Si sientes alguna molestia, pide a tu guía que te ayude a abrir la zona que le duele.

11. Después de que tú y tu guía hayáis establecido la capacidad de responder preguntas, sigue respondiendo a ellas durante todo el tiempo que te sientas cómodo. Cuando tú o tu guía hayáis terminado, antes de cerrar, siéntate tranquilamente disfrutando de la energía de tu guía. No es necesario hablar. Encuentra la armonía que te aporta este estado.

12. Cuando estés preparado, pide a tu guía que refuerce la conexión para que te resulte más fácil conectarte la próxima vez que canalices.

13. Cuando hayas terminado, dale las gracias a tu guía y siente su gratitud por ti. Sal completamente del trance. Estira tu cuerpo, muévete, abre los ojos y recupera la consciencia plena, alerta y consciente.

Evaluación: Enhorabuena por abrirte a canalizar, has comenzado una relación muy especial. Bienvenido a la alegría y a la aventura que se avecinan. Por favor, lee y participa en la «Ceremonia de graduación», que es la última sección de este capítulo.

Si no has llegado a tu guía, haz este ejercicio de nuevo hasta que lo consigas. La concentración, la paciencia y la persistencia suelen aumentar a medida que desarrollas la capacidad de elevarte a la clave vibratoria adecuada. Sigue pidiendo a tu guía que te ayude con la conexión y busca un momento de tranquilidad a solas para que tu guía llegue a ti. Si intentas este proceso por primera vez, es posible que quieras que un amigo te ayude la próxima vez haciendo preguntas y escuchando las respuestas de tu guía. (Consulta las «Instrucciones para ayudar y guiar a un compañero tu primer encuentro»).

Si después de algunos encuentros no has logrado establecer la conexión, posiblemente debas utilizar otro método, como llamar a tu guía y permitir que fluyan de tu mente las ideas hacia las manos en el ordenador, máquina de escribir o papel y boli. A veces, la gente encuentra más fácil establecer la primera conexión de esta manera.

Si te sientes distraído al salir del trance, es que no has roto del todo la conexión. Oblígate a salir completamente del trance, quizás estirando el cuerpo y moviéndote. Si sigues sintiéndote distraído, sal al exterior o camina por el interior. Haz algo que requiera el pensamiento analítico del hemisferio izquierdo.

Te hemos indicado que canalices con los ojos cerrados, ya que es más fácil concentrarse y recibir mensajes internos cuando se eliminan los estímulos visuales. La mayoría de la gente prefiere seguir canalizando con los ojos cerrados; sin embargo, es posible, y perfectamente aceptable, canalizar con los ojos abiertos.

Preguntas que debes hacer a tu guía cuando empieces a canalizar

SANAYA Y DUANE   Si no estás haciendo estos procesos con un amigo, puedes grabar las siguientes preguntas en una segunda grabadora con largas pausas entre ellas. Mientras te conectas con tu guía, enciende también la segunda grabadora para que puedas responder a estas preguntas mientras estás en trance. Si tienes un amigo que te ayude, pídele que le haga estas preguntas a tu guía. Si tu guía responde con respuestas muy cortas, pídele que elabore la respuesta. El propósito de las preguntas es establecer y estabilizar una conexión verbal con tu guía.

A algunas personas les resulta más fácil recibir respuestas a las preguntas de carácter universal cuando empiezan a canalizar, pero otras no lo hacen. Si tienes dificultades para recibir respuestas a las preguntas de carácter universal, haz las preguntas de interés personal que siguen. Si no obtienes respuestas concretas, pero en cambio ves símbolos e imágenes con tus ojos internos, habla sobre estas imágenes.

PREGUNTAS DE ORIN Y DABEN

Preguntas de carácter universal

1. ¿Es posible vivir con verdadera alegría? ¿Qué es la verdadera alegría? ¿Cómo puede la gente distinguir la verdadera alegría de la alegría ilusoria? ¿Existe alguna diferencia entre la alegría del ser superior y la alegría de la personalidad? ¿Es posible disponer de ambas?

2. ¿Es el ser superior diferente del ser que la gente conoce? ¿Cómo puede la gente llegar a su ser superior? ¿Es lo mismo para cada persona? ¿Cómo se percibe el ser superior?

3. ¿Cuál es la función de la voluntad? ¿Cómo se puede dirigir de otra manera para conseguir lo que uno quiere? ¿Cómo puede servirte tu voluntad? ¿Qué cosas puedes hacer para crear lo que quieres (procesos, técnicas, etc.)?

4. ¿Cómo podría la gente atraer más luz a su vida?

5. ¿Todo el mundo tiene un propósito de vida? ¿Cuáles son algunas de las razones por las que la gente elige nacer? ¿En qué tipo de cosas trabaja la gente en su vida terrestre?

6. ¿Estamos en un universo verdaderamente abundante y amigable?

7. ¿Es posible verse afectado por los pensamientos o emociones de otras personas? ¿Cómo pueden las personas reconocer que han sido afectadas por otros, y qué podrían hacer al respecto?

8. ¿Tienen todas las relaciones un propósito? ¿Es todo lo que ves en otra persona un reflejo de lo que estás trabajando en

ti mismo? ¿Es cierto que cambiándote a ti mismo puedes cambiar la relación?

9. ¿Está el futuro predestinado? ¿Existe el libre albedrío? ¿Qué ganan las personas con el libre albedrío? ¿Cómo puede la gente crear el futuro que desean?

10. ¿Tiene la tierra una conciencia o fuerza vital? ¿Cuál es su naturaleza? ¿Qué es lo que quiere la tierra en este momento, está enviando algún mensaje?

11. ¿Qué puede hacer ahora un individuo para contribuir a la paz mundial? ¿Qué puede hacer un individuo para contribuir a la conservación de la naturaleza?

12. ¿Cuál es el propósito de aprender a canalizar? ¿Cómo me servirá a mí y a la humanidad?

PREGUNTAS DE ORIN Y DABEN

Preguntas de interés personal

Algunas personas encuentran que estas preguntas suscitan respuestas más fácilmente que las preguntas de carácter universal. Hazle a tu guía varias de estas preguntas. Si no obtienes ninguna respuesta y no estás haciendo el proceso con un amigo, describe en tu grabadora lo que sientes, incluyendo los pensamientos, las sensaciones físicas, etc. Es importante empezar a hablar, incluso aunque pienses que eres tú en lugar de tu guía al principio. Cuando tengas una conexión verbal con tu guía, vuelve a las preguntas de carácter universal.

Preguntas generales

1. ¿Cuál es el propósito de mi vida?
2. ¿Cuáles son mis enseñanzas en esta vida?
3. Cómo puedo crear más abundancia en mi vida?

4. ¿Qué estoy aprendiendo en mi relación con _____?
5. ¿Cuál es mi camino más elevado en este momento?
6. ¿Cómo puedo expresar mejor mi creatividad?
7. ¿Cómo puedo alcanzar la paz interior? ¿Cómo percibiré mi paz interior?

Preguntas personales
Añade las preguntas que te gustaría que tu guía respondiera:
1. _____
2. _____
3. _____
4. _____
5. _____

Instrucciones para ayudar y guiar a un compañero durante su primer encuentro

Si estás ayudando a alguien a abrirse a la canalización, lee estas instrucciones cuidadosamente. Éste es un momento especial para el canalizador y puede serlo también para ti. Como compañero, puedes ser de enorme ayuda para el canalizador mientras se abre a su guía por primera vez. Puedes leer el proceso a tu compañero y ayudarlo cuando entre en trance por primera vez y se conecte con su guía. Puedes ayudarte con la grabadora, asegurándote de que esté encendida y lista para grabar las respuestas del guía a las preguntas.

Haz que tu compañero entre en trance, siguiendo las instrucciones 1 a 8 en el proceso de «Canalizar verbalmente a tu guía». Después de que haya alcanzado el estado de trance y haya invocado a su guía, enciende la grabadora y pregunta el nombre del guía. Si se recibe un nombre, pregunta cómo se deletrea y anótalo. Si no se recibe un nombre, pregunta a tu compañero si hay una letra o un sonido. Si sigues sin recibir respuesta, pregunta al guía si está preparado para responder a las preguntas. A partir de ahora, será útil hablar directamente con el guía y utilizar el nombre del guía si éste ha dado un nombre. Si el guía está de acuerdo, primero hay que hacer preguntas de carácter universal. Si el canalizador tiene dificultades para recibir respuestas a este tipo de preguntas, cambia a las preguntas de carácter personal. Si tu compañero sigue teniendo problemas para establecer una conexión de voz, haz lentamente algunas de las preguntas sobre sensaciones físicas. Conseguir que el canalizador empiece a hablar en trance es lo más importante que puedes hacer en este momento.

El propósito de estas preguntas es conseguir que el canalizador abra su centro de la garganta y hable. No te preocupes si no hay una respuesta inmediata. Recuerda que algunas personas dudarán durante mucho tiempo antes de responder; dale al canalizador el tiempo necesario. El silencio suele significar que está accediendo a su guía, así que dale tiempo suficiente para «encontrar» las respuestas. Si el canalizador responde a las preguntas con respuestas muy cortas y rápidas, anímalo a responder con más detalle, tal vez preguntando sobre alguna parte de la respuesta, interésate por la información.

Si el canalizador ha establecido una conexión verbal, pero sigue teniendo dificultades para recibir respuestas, pregunta por alguien que el canalizador no conozca, un amigo que tú conozcas lo suficiente como para poder dar más tarde una respuesta significativa. Indica al guía el nombre de tu amigo, y luego haz preguntas como «¿Cómo puedo ayudar a esta persona?» o «¿Qué estoy aprendiendo en mi relación con él o ella?». No solicites predicciones o preguntas que impliquen respuestas detalladas, como fechas u horas.

Es mejor que tu compañero no esté en trance más de unos veinte o cuarenta minutos en total. Cuando salga del trance, sus comentarios positivos y su entusiasmo ayudarán a consolidar la conexión. Si tu compañero no ha establecido un vínculo verbal con su guía, se comprensivo y repite el proceso en otro momento.

PREGUNTAS DE ORIN Y DABEN

Preguntas para el compañero sobre sensaciones físicas

Haz estas preguntas sólo si tu compañero no es capaz de dar respuestas verbales a las preguntas para su guía. Tan pronto como tu compañero hable con normalidad, vuelve a las preguntas de carácter universal.

1. ¿Tienes alguna sensación física? ¿Cómo sientes tu cuerpo?
2. ¿Cuáles son tus emociones en este momento?
3. ¿Ves o escuchas algo?
4. Describe lo que estás experimentando lo mejor que puedas.

Si el canalizador no está sintiendo nada o tiene dificultades para responder a estas preguntas, pregunta al guía si puede fortalecer la conexión. Si tu compañero dice que se siente bloqueado, pídele al guía que le muestre lo que debe hacer. Tu actitud positiva y útil es lo más importante para ayudar al guía a través del compañero. Tu estímulo, interés, paciencia y amor son las cualidades más importantes que puedes ofrecer.

Ceremonia de graduación: Felicidades por haberte abierto a la canalización

ORIN Y DABEN   Cuando se recibe a un guía conscientemente hay mucha felicidad en nuestro plano. Nuestra emoción por esta apertura es inmensa, y lo celebramos cuando llegamos con nuestra luz a la tierra. No sólo tu guía se regocija al conectar conscientemente, todos celebramos tu capacidad de comunicarte con nosotros. Lo celebramos con amor. Tu conciencia expandida en nuestras esferas es similar al nacimiento de una nueva vida. Es tu nacimiento en la luz.

Cuando estableces una conexión con nosotros,
lo celebramos.

Ahora que te has abierto a la canalización, ocurrirán muchos cambios buenos en tu vida si lo deseas. Tus deseos se cumplirán mucho más rápido que en el pasado. A medida que evoluciones espiritualmente, será cada vez más importante que seas preciso con respecto a tus deseos. Piensa en ellos, porque los recibirás. Si tuvieras todo lo que quieres ahora, ¿qué desearías después? Esta pregunta surgirá, porque muchos de tus objetivos vendrán a ti. Utiliza pensamientos y palabras positivos y presta atención a cómo hablas. Estarás más conectado y vinculado con la mente universal. Tendrás acceso a esferas superiores de creatividad, la esencia y la luz. Tus palabras y pensamientos tendrán más influencia. Tendrás un poder creciente para sanar o herir con tus palabras o pensamientos. Expresa tus necesidades y deseos positivamente. Concéntrate en lo que quieres, en lugar de en lo que no quieres, porque obtendrás aquello en lo que te centres. Utiliza palabras edificantes y presta atención a lo que es bueno y correcto en las personas en lugar de las cosas que hacen mal.

Bienvenido a nuestras esferas de luz.

La vida no tiene por qué ser dura, ya no tendrás que luchar. Podemos ayudarte a que te ayudes a ti mismo. No te olvides de pedirlo, porque sólo podemos ayudarte cuando tú lo pides. Te ayudaremos en todas las áreas de tu vida. Tu guía te ayudará a adquirir todas las herramientas que necesitas para que tu vida funcione. Formas parte de una comunidad mayor cuando canalizas, la comunidad de seres que existen en los planos superiores de la realidad. Tus sentimientos y pensamientos armoniosos contribuyen en gran medida a nuestro trabajo conjunto. Cuando estás molesto, nosotros lo sentimos. Trabajaremos contigo para ayudarte a calmar las turbulencias de tu vida, para ayudarte a vivir con mayor tranquilidad y paz.

La vida puede ser sencilla, las cosas pueden
ocurrir con alegría.

Tu voluntad de estar abierto, de recibir, de confiar en ti mismo, de experimentar el mundo de nuevas maneras y utilizar esta oportunidad para tu crecimiento es todo lo que se necesita. Te esperan muchas cosas de aquí en adelante, ya que abrirse a la canalización es el comienzo de un nuevo mundo. Cuando estés preparado, la gente acudirá a ti para que les ayudes en su crecimiento. Tu integridad y responsabilidad son de suma importancia. Haz una buena presentación tuya ante el mundo, sé humilde, reconoce la luz en los demás y habla bien de la gente. Vosotros sois los líderes, maestros y sanadores de la Nueva Era. Como has traído más luz, tendrás magnetismo para la gente. Has atravesado una puerta con esta apertura. Incluso cambiarás el mundo más fácilmente. Tus opciones serán más claras. Comenzarás a ver los futuros probables que te esperan y podrás elegir conscientemente el camino que quieres tomar. Tienes que estar dispuesto a anteponer tu trayectoria por encima de todo y a comprometerte más contigo mismo. Deja de lado cualquier obligación con el camino de los demás a menos que sea parte del tuyo.

Trabajarás con las fuerzas de la evolución y nadarás con la corriente a favor en lugar de contra ella. Comprométete a que tu vida funcione. Permite que tu bien mayor venga a ti. Puedes recorrer todo el camino hacia la consciencia superior en una sola vida.

Ahora más que nunca, es posible alcanzar la conciencia superior en una sola vida. Hay mucha alegría y risas en nuestras esferas, así que no te tomes a ti mismo demasiado en serio. Juega con el universo y deja que el universo juegue contigo. Canalizar a tu guía es sólo el comienzo de un maravilloso viaje lleno del misterio del descubrimiento, la alegría del aprendizaje y el bienestar que proviene de vivir en la luz.

SANAYA Y DUANE   Te recomendamos que te tomes un descanso para que te des tiempo para integrar tus experiencias. Después de la pausa, puedes pasar a «Consultar para los demás», capítulo 8, o informarte sobre las experiencias de Duane y Sanaya con la canalización, así como sobre las aperturas de otras personas, en los capítulos 10 a 13. Si quieres saber más sobre cómo desarrollar tu canalización, ve directamente al capítulo 14.

8 | HACER LECTURAS
PARA LOS DEMÁS

Hacer lecturas para otras personas

ORIN Y DABEN   En el curso de tu canalización, lo más probable es que se te presente la oportunidad de canalizar para otras personas Para los demás, tener la oportunidad de conocer a tu guía es una ocasión especial. Disfrutarás más de tu canalización cuando canalices para personas que lo deseen, que sean receptivas y comprensivas y que se beneficiarán de ello. Sé selectivo. No creas que debes dar una lectura a cualquiera que te lo pida. Tu conexión con tu guía es un regalo valioso. Ofrécelo sólo a aquellos que realmente puedan apreciar tu energía y el tiempo de tu guía. Canalizar para quienes son receptivos y te apoyan te dará vigor. Canalizar para los que hacen por curiosidad o con un sentido de irreverencia puede agotarte y aumentar tus dudas sobre el valor de tu trabajo. No tienes que hacer lecturas a personas que te pongan a prueba para demostrar que realmente estás canalizando. Hay una gran cantidad de gente que puede aprender y beneficiarse de tu guía. Te recomendamos que sólo canalices para ellos.

A menudo enseñas mejor lo que acabas de aprender.

Deja de lado cualquier idea preconcebida sobre cómo responderá tu guía a las preguntas de la gente. Su consejo puede ser algo en lo que no hayas pensado antes, o podría ser uno al que ya habías llegado tú mismo. El universo tiene formas curiosas de dar lecciones. A veces, justo después de que hayas aprendido algo, alguien que ha tenido el mismo problema que tú, y que incluso ya lo has resuelto, acudirá para una lectura con tu guía. A medida que haces llegar a los demás los sabios consejos de tu guía, puedes esclarecer cosas en tu propia vida.

La verdad se hará evidente cuando la canalices.

Aunque el consejo te parezca obvio, dilo, porque lo obvio suele ser lo que la gente más necesita oír. A veces, lo que es significativo para otras personas puede no tener ninguna carga o significado para ti al transmitir la información. No es necesario que entiendas todo en el momento en el que te llega. Tu guía tiene una visión más amplia de la vida de las personas y sólo les dirá las cosas que son apropiadas. No te preocupes ni tengas expectativas sobre lo que deberían ser las respuestas. Si no puedes encontrar la manera de traducir un mensaje en palabras que sean elevadas o cariñosas, usa tu sentido común y no des el mensaje. En estos casos, lo más probable es que estés recibiendo una distorsión de la transmisión y no el mensaje real.

Has de saber que no hay una respuesta correcta o incorrecta a ninguna pregunta. Si se hace la misma pregunta a muchos guías, es posible que se obtengan muchas respuestas diferentes. Todas ellas podrían ser válidas. Cada guía te daría una perspectiva o una forma diferente de entender el problema. Hay muchas maneras de resolver problemas, muchas maneras de ver cualquier situación.

No eres responsable de hacer que la vida de la gente funcione ni de resolver todos sus problemas. Cuando la gente acuda a ti con sus problemas, recuerda que a menos que estén listos para crecer, no importa lo que tu guía les diga, no crecerán. Sólo ellos pueden cambiar su propia vida. Evalúa la calidad de tus lecturas por tu sentido interno y por el proceso en el que ves a la otra persona involucrada, no sólo por los resultados reportados. Es posible que algunas personas no utilicen los consejos de tu guía y, por lo tanto, no saquen verdadero provecho de ellos. Todos deseáis ser de ayuda a los demás. Cuando la gente acuda a ti con problemas agobiantes, quieres ayudarla a encontrar formas de resolverlos. Pero algunas personas no están preparadas para las soluciones, por lo que nuestro guía puede simplemente llevarlos al siguiente paso en lugar de darles respuestas detalladas.

Los guías no privan a la gente de sus enseñanzas,
sino que les ayudan a entenderlas.

Es completamente aceptable no responder a todas las preguntas que la gente hace. Si te hacen una pregunta y no encuentras respuestas cuando te conectas con tu guía, simplemente diles que no tienes información sobre esa cuestión. Aunque tu guía pueda tener la respuesta, es posible que quiera que tu interlocutor averigüe la respuesta por sí mismo. Los guías tienen la sensatez de no privar a la gente de la oportunidad de aprender por sí mismos.

Los guías no violarán la privacidad de una persona. Revelarán detalles sobre los demás que son beneficiosos para ellos, que les ayudarán a crecer, pero no revelarán nada que viole la intimidad de otra persona. Si alguien le pide a tu guía que le diga lo que otra persona siente o piensa sobre él, puede que tú recibas la respuesta o no. Esto puede no tener nada que ver con tu capacidad de recibir información, sino que sea inapropiado que tu guía revele la información.

Algunas personas tienen más facilidad para recibir información que otras. Si la gente acude a ti por mera curiosidad o sin una intención seria de utilizar la información de tu guía y crecer, puede que la lectura de tu guía resulte superficial. Los guías dan información más profunda a las personas que seguramente vayan a respetarla y utilizarla. También puede que percibas que tu guía habla a cualquier nivel en el que se encuentre la gente. Si las personas son neófitas en su camino espiritual, puede que tu guía utilice términos muy sencillos y que les explique los principios básicos. Si están bastante avanzados, puede que tu guía los instruya y les dé consejos de naturaleza muy compleja.

Cómo tratar las preguntas de la gente

ORIN Y DABEN Descubrirás que las preguntas de otras personas a menudo no son tan elevadas como podrían serlo. Puede que acudan a ti pensando que tu guía va a resolver todos sus problemas, y que sólo quieren que se les diga lo que tienen que hacer o averiguar si algo va a suceder o no. Los guías de nivel superior fomentan la independencia. Quieren que la gente utilice sus consejos para ser aún más autónomos y no para que hagan lo que ellos dicen sin cuestionarlo. Puede que tengas problemas a la hora de recibir respuestas de sí o no. Intenta cambiar o reformular estas preguntas. Si alguien le pregunta a tu guía si debe vender su coche ahora o esperar un tiempo para una oferta mejor, puedes cambiar la pregunta a «¿Qué ganaré vendiendo el coche ahora y qué ganaré esperando?». Cambiar ligeramente una pregunta puede provocar una respuesta mucho más elevada de tu guía. Ayuda a la gente a hacer buenas preguntas.

SANAYA   Una forma de ayudar a la gente a hacer mejores preguntas es preparar una lista del tipo de temas que tu guía está más interesado en responder. Orin me ayudó a elaborar una en la que se detallaba qué tipo de información podía obtener la gente de las lecturas con él. Entre ellas se incluía la búsqueda de creencias ocultas y programación de la infancia, qué enseñanzas y oportunidades de crecimiento estaban experimentando en sus relaciones, qué habilidades y talentos inherentes podrían desarrollar, su capacidad de canalizar, las vidas pasadas que podían estar afectando a su vida actual, los propósitos de esta vida, el viaje de su alma desde sus primeras encarnaciones terrestres, buscar áreas de crecimiento y buscar patrones, creencias, y decisiones en torno al dinero y la carrera profesional. A menudo, las personas que venían a hacer lecturas decían que no habían pensado en hacer preguntas, pero una vez que eran conscientes de que podían preguntar, lo hacían. La gente comenzó a preguntarle a Orin sobre temas profundos y centrales en su vida. Como resultado, las lecturas crearon mayores cambios y transformaciones para ellos.

Orin le pide a la gente que venga con sus preguntas preparadas, y la mayoría descubre que el mero hecho de prepararlas y pensar en ellas los abre a su propia sabiduría. Aunque puede ayudar a la gente con los detalles prácticos y rutinarios cotidianos, prefiere hablarles del propósito de su vida, del viaje del alma y de cómo pueden seguir su camino espiritual. Tanto Orin como Da-Ben prefieren dar información a las personas antes de que hagan las preguntas, y luego dialogar con ellos durante la segunda mitad de la lectura. Descubre qué es lo que prefiere tu guía. Algunos guías prefieren dialogar, otros no.

Cuando la gente acuda a ti para una lectura, responde a preguntas más profundas además de las que te hayan hecho. Incluso si no te han preguntado por ello, haz que tu guía les hable de su propósito vital y de sus oportunidades de crecimiento en esta vida. Si preguntan por una relación, ayúdales a centrarse en sus aspectos más elevados. Una mujer preguntó a Orin si su novio le era fiel. En lugar de hablar de ese tema, Orin le preguntó por qué salía con alguien en quien no confiaba. Le habló de sus anteriores patrones de la infancia, sus problemas de relación, las enseñanzas que estaba aprendiendo de su situación. Le mostró cómo podía cambiar sus patrones. Nunca mencionó si su novio era fiel o no. Con esta información, ella empezó a analizar sus patrones pasados de relación con los hombres y decidió algunos cambios. Un año más tarde, dejó atrás su anterior relación y se casó con un hombre cariñoso en el que confiaba plenamente.

ORIN Y DABEN Si la gente viene y pregunta: «¿Debo hacer esto o aquello?», puede que los guías no tomen ninguna posición. Una de las cosas que pueden hacer es llevar a la gente a examinar los posibles resultados y así ayudarla a tomar la decisión por sí misma. Por ejemplo, si la gente pregunta si debe ir a la playa o a la montaña, un guía puede empezar por explicarle las condiciones en ambos lugares. En la playa hay sol, el oleaje es alto y el camino estará lleno de gente. En la montaña el tiempo es cálido, los senderos aún están húmedos y el tráfico será escaso. Un guía puede llevarles a descubrir la esencia de lo que buscan. Puede que descubran que quieren reflexionar en silencio y en la naturaleza, o que querrían estar con la gente y disfrutar de la euforia del oleaje. Con este tipo de perspectiva e información, la mayoría de la gente encuentra la certeza de lo que quiere y qué rumbo tomar. También adquiere conocimientos que le ayudarán en sus futuras elecciones. La mayoría de los guías muestran a las personas lo que pueden esperar, y luego dejan que sean ellas las que decidan qué camino tomar.

Los guías de nivel superior ayudan a las personas a descubrir más opciones.

Algunas personas se preguntan si deben dejar su trabajo y aceptar uno nuevo o dejarlo y hacerse autónomo. Los guías probablemente les ayuden a ver con más claridad lo que cada opción les aporta en términos de estilo de vida, habilidades, dinero, etc., para que tengan más datos sobre sus opciones, en lugar de decirles qué elegir. Los guías podrían hablarles de otras posibilidades para darles aún más opciones. Si tienen demasiadas opciones y no son capaces de decidirse, los guías les ayudarán a centrar su atención para que puedan salir de la indecisión. Si preguntan: «¿En qué debería trabajar?», los guías de nivel superior les ayudan a descubrir más opciones. Rara vez dirán: «Deberías ser gerente en una empresa de desarrollo informático». Los guías les ayudarán a explorar qué habilidades y talentos pueden querer utilizar, qué entorno les gustaría, el horario, el nivel de responsabilidad, etc. A partir de ahí, las personas pueden atraer un trabajo que les guste y que sea enriquecedor y esté orientado al crecimiento.

Los guías pueden indicar a las personas la dirección correcta, dar muchas indicaciones de lo que podrían hacer y que les produciría alegría, pero casi nunca dirán: «Haz esto o aquello en particular». A menudo te indicamos los pasos para que descubras por ti mismo para qué estás aquí. Te dejamos descubrir la forma de hacerlo. Estamos aquí para guiarte hacia una mayor conexión con tu alma. Te ayudaremos a esclarecer más la situación y a empoderarte, pero cuidando de que descubras por ti mismo tu verdad y el camino y la situación particular que más te convienen.

Mucha gente se pregunta: «¿Para qué estoy aquí? ¿Cuál es el propósito de mi vida?». Son preguntas y asuntos muy importantes. Hay muchas razones por las que la gente está aquí. Pueden estar aquí para aprender a amar más incondicionalmente, y por eso se ponen en entornos muy poco amorosos que los desafían a amar. Pueden estar para aprender a establecer límites y fronteras para sí mismos y por eso atraen constantemente relaciones con personas poderosas que parecen pasar por encima de ellos. Hay cientos de razones por las que la gente viene a esta vida, y tu guía probablemente te indicará algunas. No sientas que tu guía te debe informar de LA razón para esta vida. El miedo a no poder canalizar la respuesta correcta o que te equivoques al hacerlo puede cortar tu conexión con tu guía. Confía en tu guía para saber lo que la gente está dispuesta a escuchar a propósito de su vida.

Hacer que tus lecturas sean más positivas

ORIN Y DABEN   En ocasiones, los canalizadores han sentido que la gente rechazaba a la información de sus guías. Si encuentras rechazo, puede ser que no hayas traducido con precisión el mensaje de tu guía. Desde los niveles superiores, todas las cosas se dicen con tanto amor y tacto que el rechazo es casi inexistente. Así es como los maestros enseñan. Tu reto es transmitir la información de tu guía con el mismo nivel de amor, tacto y sabiduría que tiene tu guía. Cuanto más transparente seas, cuanto más altos y positivos sean tus propios pensamientos, más aumentarán tus lecturas en su amor y capacidad de transformar a las personas.

Los guías de nivel superior hablan con amor
y compasión.

Al dejar de lado tu forma habitual de expresarte, que contiene suposiciones e implicaciones ocultas, puedes aumentar la precisión de tu traducción y la positividad de tus lecturas. Es posible que quieras prestar más atención a cómo tu guía se expresa y explica las cosas de forma cariñosa. Esto te ayudará a descubrir si tu modo normal de expresión «se interpone» en el tacto amoroso de tu guía. Puede que normalmente le digas a alguien que «no sea tan negativo». Tu guía en cambio le que «sea positivo», centrándose en lo que debe ser más que en lo que no debe ser.

Utiliza tu habilidad para ajustar lo que transmitimos a palabras y pensamientos positivos. Cuando canalices para otras personas, vigila tus palabras. Si tu guía ve un bloqueo, o algo que te parece negativo, lo presentará de forma positiva y amorosa. De este modo, el trabajo con el bloqueo se convierte en una experiencia beneficiosa para la persona que recibe el mensaje. Si una persona está pasando por momentos difíciles, tu guía puede expresar compasión por ello, y luego ayudarle a ver lo bueno que está sacando de la situación y el crecimiento que está logrando al estar en ella. Puede que le indique qué cualidades del alma se están desarrollando, como la confianza, la paciencia o el amor.

Si los guías ven un bloqueo o algo que te retiene, lo señalan de manera que cree crecimiento y apoyo de una manera positiva. Rara vez decimos: «Esto será difícil» o «No estás haciendo un buen trabajo», sino que señalamos todas las cosas buenas que estás haciendo y te llevamos a ver lo fácil que es hacer algo. Los guías pueden ser amables y hablar sólo de lo que puedes aprender y lo que puede hacerte crecer. También pueden ser categóricos si eso es lo que hace falta para llamar tu atención.

Hablamos con la gente sobre temas en los que están dispuestos a trabajar y les decimos sólo lo que están dispuestos a escuchar. Si no están preparados para tratar ciertos temas, puede que no hablemos de ellos. Queremos acelerar su llegada a la siguiente etapa y ayudarles en su camino. Aunque podemos ver muchas etapas probables más allá, darles consejos demasiado adelantados a su capacidad para comprenderlos o actuar en consecuencia sólo crearía confusión y resistencia.

Cuando salgas del trance, en lugar de repasar lo que has dicho preocupándote de si era correcto, simplemente revisa la información para ver si podrías haberla traducido de forma más amorosa. Los que vienen a ti lo hacen para aprender y crecer de cualquier forma que les sea posible. La gente obtendrá de la lectura de tu guía lo que es apropiado para ellos en este momento de su vida. Recuerda que te estarás abriendo y creciendo, y las personas que se sienten atraídas por tu canalización son perfectas para tu nivel de competencia en el momento actual.

Como canalizador, te conviertes en una fuente
de amor y guía para los demás.

Si te sientes juzgado por otras personas a causa de la información de tu guía, recuerda que no debes tomarlo como algo personal. Para ti, es tanto un reto como una oportunidad que te mantengas abierto incluso ante el juicio o la negatividad. No te están juzgado. Si estás canalizando para personas negativas, ofréceles luz y amor. Mantén tu centro y permanece en tu poder. Su duda o su miedo no tiene por qué crearte miedo o dudas a ti. Date cuenta de que sus reacciones son formas de pedir más amor. A menudo quieren creer y lo hacen retándote a que se lo demuestres. Su duda es en realidad su propia voz de la duda que les habla. Irradia amor hacia ellos y deja que tengan sus dudas sin sentir que tienes que defenderte.

SANAYA Cuando entra Orin, toda mi visión de la realidad cambia. Siento un increíble amor y cariño por los demás. Cuando veo a la gente a través de los ojos de Orin, es maravillosa. Para él, las personas parecen creaciones únicas, hermosas y perfectas. Ve a cada persona trabajando tan duro sabe hacerlo y creciendo tan rápido como puede. A través de los ojos de Orin, todo se vuelve positivo. Una de las cosas que veo que hace Orin es replantear. Siempre que a la gente le sucede algo difícil o doloroso, él les mostrará por qué está sucediendo para su bien. Aunque puede expresar su preocupación por los tiempos difíciles o duros que están pasando, invariablemente les mostrará una perspectiva más amplia de su vida. Les mostrará lo que están aprendiendo y les explicará que serán más poderosos y estarán más evolucionados al pasar por esas experiencias. Cuando termina, la gente se siente mucho mejor con lo que les sucede. Tienen herramientas para atravesar sus experiencias difíciles más rápidamente. Orin me proporciona continuamente seguridad de que el universo es seguro, amistoso y que siempre está preocupado por nuestro bien superior.

Elabora tu estilo de lectura

ORIN Y DABEN Cada guía es diferente. Cada guía tiene cosas que prefiere hacer y que hace bien. Si tu guía no quiere hacer ciertas cosas, o no parece capaz de hacerlas, puede ser que tú no estés preparado para abrirte a ese nivel de cualificación o que tu guía te está llevando en una dirección diferente. No invalides tu canalización porque no puedas hacer ciertas cosas. Como la mayoría de los canalizadores han descubierto, sus competencias se abren y crecen a medida que la conexión con su guía o guías se hace más fuerte.

Al canalizar para los demás serás capaz de influir
en su energía de fuerza vital a nivel básico.

ORIN Puede que tu guía quiera desarrollar una estructura para tus lecturas. Tanto a través de las enseñanzas de otros como de mi instrucción, Sanaya aprendió sobre los chakras. Utilicé esta estructura durante algún tiempo y luego empecé a ver con ella el ciclo completo de las encarnaciones terrestres de las personas, los patrones e intereses generales de su alma y por qué eligieron esa vida en particular. Su capacidad se desarrolló a lo largo de varios años de trabajo conmigo. Esto exigió que ella canalizara líneas más robustas de fuerza electromagnética y que mantuviera diversos rangos de vibraciones en su cuerpo mientras yo investigaba en estas áreas.

Duane aprendió muchas de las técnicas estándar de trabajo corporal y estructuras de pensamiento. Hizo su trabajo energético utilizando dichas estructuras hasta que empezó a surgir una nueva que las superaba. Cuando Duane comenzó a ver «patrones de densidad» alrededor del cuerpo, se dio cuenta de que estaba viendo los campos de energía física, el cuerpo emocional y el cuerpo mental. Cuando todos se armonizaron, el brillo espiritual se hizo visible. Comenzó a «ver» dentro de los músculos y la estructura física, «sabiendo» dónde tocar y qué hacer para poner fin a ciertos tipos de dolor, liberar traumas de vidas pasadas o de la vida actual y reajustar los cuerpos energéticos (el físico, el emocional y el mental) en su patrón espiritual superior. Comenzó a ver cordones telepáticos de otros en el cuerpo y en los campos energéticos de la gente, y descubrió que podía eliminarlos y crear cambios casi instantáneos en la vida de las personas. Al comenzar con una estructura con la cual podía aprender y operar, finalmente evolucionó a través ella y más allá en sus propios métodos y los de DaBen. Varios estudiantes de trabajo corporal que también eran canalizadores han podido, a través de su trabajo con Duane, DaBen y sus propios guías, ver los mismos patrones de energía y crear muchos resultados similares. Esta nueva estructura les proporciona a él y a otros maneras más amplias de asistir a la gente.

SANAYA Y DUANE Estas pautas y sugerencias para hacer lecturas para otros se basan en nuestra experiencia de cómo Orin y DaBen lo hacen. Te proponemos ideas y estructuras para ayudarte a pensar como lo hacen los guías. No es necesario que sigas estas pautas y estructuras para hacer una buena lectura. Estas ideas sobre el modo en que los guías abordan las preguntas te ayudarán a empezar, pero no pretenden limitar la forma en que tu guía responde a las preguntas. Experimenta y, sobre todo, confía en tu guía.

PROCESO DE ORIN Y DABEN

Armonizar con otra persona

Objetivo: Canalizar para otra persona.

Preparación: Canaliza para otros sólo después de haber establecido contacto verbal con tu guía. Elige amigos que sean comprensivos y estén abiertos, que deseen tener una lectura y quieran conocer a tu guía. Ten preparada tu grabadora. Si lo deseas, pon música especial. Busca una posición cómoda. Al principio puede que te resulte más fácil si miras directamente a la persona a la para la que haces la lectura. Siéntate en una silla o en el suelo, lo que te parezca mejor.

Pasos:
1. Empieza a respirar profundamente, de forma que tu cuerpo se relaje. Puedes imaginar una luz blanca a tu alrededor, pide

que se produzca la mayor sanación posible, o pide que la mayor cantidad de luz posible se interponga entre los dos.

2. Cierra los ojos, entra en trance y llama a tu guía. Tómate todo el tiempo que necesites. Siente la compasión que tu guía siente por la otra persona. Cuando estés preparado, tu guía querrá saludar a la otra persona. Deja que se expresen la personalidad, los cambios de voz, ademanes o gestos de tu guía. Tu guía puede desarrollar un saludo estándar. Orin dice «¡Saludos!» DaBen dice «¡Bienvenido!». La mayoría de los guías tienen formas de identificar que están presentes.

3. Haz que tu guía le solicite a tu amigo que haga una de sus preguntas. Especialmente en las primeras etapas del aprendizaje de la canalización, es mejor empezar con preguntas como «¿Qué estoy aprendiendo de esta persona o esta situación?» o «¿Cómo puedo crecer espiritualmente y traer más luz a mi vida?». Los guías no dudan en pedir a la gente que se explaye en sus preguntas o que pida más información general. Si te sientes cómodo, permite que tu guía interactúe con la gente, ya que esto también ayuda a quien pregunta a aclarar lo que desea saber.

4. Deja que las respuestas fluyan desde tu guía. No esperes que toda la información que recibas sea asombrosa e inusual. Mientras permanezcas en esta luz superior, la información más útil y a menudo profunda parece obvia. Cualquiera que vaya a escuchar tu canalización ha sido atraído hacia ti por lo que tienes que decir. Deja que sea el guía quien elija qué centrarse y qué decirle a esa persona. Puede que la información no tenga ningún significado para ti. Confía en que tu guía sabrá lo que tiene que decir, porque es tiene un panorama más amplio de la de la vida de esa persona.

5. Pasa a la siguiente pregunta. Algunos canalizadores consideran que sus guías prefieren que la otra persona haga todas las

preguntas al principio de la canalización. Otros prefieren dialogar. Elige la forma que más os convenga a ti y a tu guía. Los estados de trance pueden variar en función de con quién se sintonice y de la información que busques. Incluso puede que percibas cambios sutiles en tu trance cada vez que canalices para la misma persona. Puede que descubras que es mucho más fácil canalizar para algunas personas que para otras.

6. Es posible que quieras canalizar durante un corto período de tiempo al principio e ir aumentándolos. Si te cansas, sientes que la conexión se debilita o que has respondido a todas las preguntas que quieres, termina la lectura. Muchos guías tienen una despedida estándar. Es posible que quieras elaborar una con tu guía. Orin dirá: «Te deseo un buen día». DaBen suele decir, «Te daremos la bienvenida de nuevo a esta esfera».

9 ┃ PREDICCIONES
Y FUTUROS PROBABLES

Cómo gestionan los guías las predicciones

ORIN Y DABEN   Puede que creas que si realmente estás canalizando, serás capaz de predecir el futuro. Muchos guías no dan predicciones. El futuro es sólo probable, porque lo que sucede está tremendamente influenciado por tus pensamientos, creencias y programas inconscientes. Cada vez que liberes una creencia, cambies una meta o desarrolles diferentes expectativas, automáticamente cambiarás tu futuro. Preferimos ayudarte a crear un futuro mejor que decirte lo que puede ocurrir.

Cuando la gente nos pide predicciones, las vemos como peticiones para ayudarles a crear un futuro mejor. Cuando la gente nos pide que predigamos si algo va a funcionar o no, suelen temer que no lo haga. Cuando la gente pregunta: «¿Voy a ganar dinero?», en lugar de decirles que sí o que no, muchos guías prefieren hacerles entender lo que pueden hacer para ganarlo. Al guiar a la gente a tener visualizaciones más elevadas de sí mismos y de sus potenciales, podemos ayudarla a crear incluso más de lo que pensaba que podía tener. Podemos ayudar a las personas a tomar conciencia de sus propias verdades y a liberar viejos patrones y creencias para que puedan crear lo que desean.

Puedes crear lo que quieras.
El futuro no está predeterminado.

Cuando la gente nos pregunta: «¿Conseguiré el trabajo que he solicitado?», la pregunta implica que no puede hacer nada, que debe sentarse y esperar a que algo suceda. A menudo, las preguntas de la gente sobre el futuro indican una falta de fe en su capacidad de influir en su vida. Como guías, ayudamos a las personas a ver lo que pueden hacer para crear lo que quieren. En el caso de conseguir un trabajo, podemos decirles que visualicen que lo tienen. Podemos sugerirles que vinculen su corazón con las personas que las entrevistan para el trabajo. O podemos aconsejarles que se dejen llevar y confíen en que lo mejor sucederá, y que si no consiguen un trabajo concreto, es porque les espera otro aún mejor.

Cuando una mujer que acaba de empezar a salir con un hombre viene a nosotros y nos pregunta: «¿Me casaré con este hombre?» o «¿Durará esta relación?», podemos ver con bastante claridad que hay una fuerte probabilidad en uno u otro sentido. Sin embargo, podemos darnos cuenta de que, en este momento de su relación, sería perjudicial revelar el futuro probable. Esto la privaría de una experiencia de aprendizaje. Si la avisamos de que probablemente se acabará, saberlo podría crear resistencia y prolongar la relación más allá de su conclusión natural. O bien, podría terminar la relación antes de lo que habría terminado en otras circunstancias. Una vez más, ella se vería privada de su aprendizaje. Tenemos mucho cuidado de no dar consejos que interfieran con el crecimiento de las personas. Queremos ayudar a la gente a avanzar más fácil y rápidamente a través de su aprendizaje. En este caso, podríamos hablar a la mujer sobre lo que está aprendiendo y los patrones de relación que está trabajando, y luego ayudarla a encontrar el propósito superior de la relación. No le hablaríamos a la mujer del futuro de su relación, especialmente si su enseñanza era aprender a confiar en su juicio o a confiar en el amor de otra persona por ella. Podríamos señalar que ella estaba desarrollando cualidades del alma como el amor propio y la confianza.

Si le preocupara no poder mantener la relación, podemos ayudarla a entender cómo podría hacerlo e indicarle lo que tendría que hacer para que fuera posible. Podemos mostrarle cómo enriquecer su conexión y sacar el máximo provecho de lo que tiene. Entonces tendría que decidir si el precio de aferrarse a la relación merece la pena. A veces, puede significar comprometer sus ideales o vivir una vida menos alegre. El análisis de la situación la ayudará a ver sus opciones con mayor claridad para poder decidir por sí misma qué camino es el más adecuado para ella.

Los guías de nivel superior somos muy cuidadosos a la hora de decirle a la gente lo que les ocurrirá. Si la gente quiere predicciones, no te sientas obligado a dárselas. Las cosas no están predestinadas a salir de un modo y no de otro.

Sᴀɴᴀʏᴀ Cuando empecé a canalizar a Orin, él no hacía ninguna predicción. Me decepcionó mucho, porque creía que todos los guías deberían hacer predicciones. Orin seguía diciéndome que él era un guía espiritual, no un adivino, y que había una gran diferencia entre ambos. Aunque me aseguró que podía ver lo que la gente se estaba construyendo, no quería que la gente acudiera a las canalizaciones para que le dijera el futuro o lo que tenía que hacer. A veces les hablaba de su crecimiento futuro. Les decía que abrirían su corazón o que próximo aprendizaje se centraría en la comunicación o en las relaciones, pero sólo cuando esto les servía en su situación de ese momento.

Después de varios años de canalización, Orin me dijo que quería enseñarme sobre el futuro y las realidades probables. Durante un período de varios meses, me hizo varias predicciones se hicieron realidad. Varias veces me adelantó titulares de periódicos y fechas exactos varios meses antes de que ocurrieran. Todas las predicciones se centraban en eventos masivos. En todos estos eventos, él señalaba que ya estaban siendo montados, previstos y planificados por los responsables, y que él sólo proyectaba los eventos leyendo la mente de la masa y los resultados probables.

Me dijo que los eventos a gran escala son más fáciles de predecir porque tienen líneas de energía de la conciencia de la masa que están establecidas con muchos meses de antelación. El peso psíquico de estos eventos, el acuerdo de la masa en torno a ellos y el número de personas involucradas hacen que sea mucho más difícil detener o cambiar tales eventos. Mientras que una persona puede cambiar de opinión y, por lo tanto, cambiar su futuro fácilmente. Un acontecimiento que afecte a muchas personas no suele ser modificado por una sola persona que cambie de opinión. Este fenómeno facilita la predicción de los grandes acontecimientos sociales. Orin añadió que las personas se conectan a través de sus sueños y que los eventos masivos podrían cambiarse si hubiera suficiente consenso para hacerlo. Después de mostrar su postura, dejó de darme este tipo de información. Cuando sea apropiado, Orin mirará en el futuro probable, pero sólo si ayuda a mi camino espiritual o al de la persona con la que está hablando.

Cómo ven el futuro los guías

ORIN Y DABEN El futuro no es un hecho. Éste es un mundo de libre albedrío. Si quieres ver el futuro probable de las personas, pregunta a tu guía si está permitido hablar de estos futuros probables. Antes de hacerlo, verifica que tienes una sensación interna de que es lo correcto. Es importante que compruebes este aspecto. Si percibes que algo no anda bien, si sientes que obtener un consejo te supone una lucha o si no recibes nada, no debes hablar de un futuro probable en particular. No pasa nada por no responder a una pregunta. Simplemente di: «No recibo ninguna información de mi guía sobre esa pregunta». Si privamos a la gente de sus enseñanzas por la predicción, podrían tener que poner en marcha otras situaciones similares para aprender lo mismo. Algunas personas se ponen en las mismas situaciones una y otra vez para enseñarse a sí mismas algo importante. Has visto a personas que van de una relación a otra, pensando que si llega la persona adecuada, todo se arreglará. Sólo después de un gran esfuerzo descubren finalmente que necesitan hacer cambios en su interior, en lugar de buscar en el exterior.

ORIN Al principio, cuando enviaba mi orientación a través de Sanaya, a menudo ella veía que una relación entre dos personas se volvería más y más rica o que no duraría. Yo podía indicarle con una sensación si estaba bien hablar de estas cosas. Si no lo estaba y ella no reconocía el mensaje, le quitaba la información para que no la viera y así no revelara el futuro más probable de forma inapropiada. Ella «olvidaría» la información y se encontraría canalizando otra cosa.

Cámbiate a ti mismo y cambiarás el futuro.

ORIN Y DABEN En el sistema de realidad de los guías, todo el tiempo es simultáneo. Estamos al margen de tu construcción lineal de tiempo y espacio. Vemos la totalidad del trabajo que realizamos junto contigo, mientras que tú sólo lo ves paso a paso.

No estamos diciendo que esté predeterminado. Cada vez que des un paso o tomes una decisión, somos capaces de proyectarla en el futuro en todas las direcciones y verlo como un acto completo habiendo explorado todas las probabilidades. Gracias a esta visión de conjunto, somos capaces de ayudarte a ver los resultados de tus elecciones y ayudarte a encontrar los caminos adecuados.

Consideramos que el futuro que estás estableciendo tiene dos vertientes. Una tiene que ver con lo que te propones crear, y la otra tiene que ver con los pasos que tienes que dar para llegar a ello. Es muy difícil predecir el momento. Es mucho más fácil predecir si algo ocurrirá o no. Si tienes un fuerte deseo por algo, si tienes la intención de tenerlo, entonces finalmente llegará a ti a no ser que cambies de opinión sobre tu deseo. Podemos ver el grado de tu intención, los pasos que estás dando para llegar a ello, la claridad de su deseo y muchos otros factores, por lo que podemos proyectar con bastante exactitud si vas a conseguir algo. Lo que haces o no haces puede acelerar o retrasar tu progreso. Conseguir algo implica dar ciertos pasos. Si en algún momento te retrasas en dar uno de los pasos, puedes tardar más en conseguirlo. Podemos ver que puedes conseguir algo, pero como tus acciones puede variar, es más difícil precisar cuándo se cumplirá tu deseo.

El futuro a largo plazo es mucho más variable y difícil de predecir porque el número de posibilidades aumenta cuanto más se avanza en el futuro. El número de caminos que se pueden tomar entre el presente y el futuro aumenta. Cada decisión que tomas cambia el resultado final. A menudo tratamos con probabilidades, como un meteorólogo. Podemos ver que hay un 80 % de posibilidades de obtener el aumento que esperas basándonos en tu intención, tu deseo y tu relación con tu jefe. También podemos ver un 10 % de posibilidades de que de que renuncies a tu trabajo, ya que has pensado varias veces en ello, y posiblemente un 10 % de posibilidades de que no consigas el aumento debido a algún otro factor. En cualquier momento puedes activar el 10 % de probabilidad y dejar tu trabajo, así que las predicciones se hacen basándose en la probabilidad de que algo ocurra. Actúas con libre albedrío para crear lo que quieres momento a momento. A veces el movimiento de una persona hacia un futuro particular es tan fuerte que se necesitaría un gran contramovimiento para cambiar ese camino. Sin embargo, todavía se puede hacer. Se puede cambiar el futuro. Incluso una probabilidad del 1 % puede llegar a suceder.

Cuanto más te adentras en el futuro, más te ocupas de la esencia en lugar de la forma. Es posible que tengas el deseo de tener un trabajo satisfactorio. El pensamiento de un trabajo satisfactorio es un pensamiento de esencia. La forma que tomará el trabajo, puesto de trabajo y la descripción son mucho más difíciles de predecir. Podemos predecir con más exactitud lo que obtendrás en esencia, como el trabajo satisfactorio que quieres, en lugar de que predecir la forma que tendrá.

El futuro está determinado por lo que pretendes crear.

Si nos preguntaras: «¿Cuándo conoceré a mi alma gemela, mi futuro esposo o esposa», muchos guías podrían decir con bastante precisión si alguien se acercará a ti en un futuro próximo. Podemos saber si ésa es tu intención, y normalmente podemos localizar el alma y la energía del hombre o la mujer que se te acercará. Pero puede que de repente pases por un ciclo de crecimiento tremendo. Puede que cambies tus hábitos y gustos, y por tanto tu vibración. Si haces alguna de estas cosas, serás capaz de armonizar con una persona diferente. Puedes atraer a una persona diferente o una experiencia muy diferente de la persona original que se aproximaba.

La mayoría de las personas que vas a conocer empiezan a conectar contigo a nivel energético antes de que las conozcas, por lo que si esa persona ya ha entrado en tu campo energético, podemos ser bastante precisos a la hora de decir cuándo vas a conocerla y si es apropiado revelarte esta información. Este encuentro ocurrirá normalmente en las semanas siguientes a su entrada en tu campo energético. Las personas suelen ser conscientes de ello. Pueden decir, «Creo que voy a conocer a alguien especial muy pronto. Puedo sentirlo».

A veces pueden pasar varios años antes de conocer una relación a largo plazo, y podemos ver una relación a corto plazo que se aproxima. Si te decimos que esta relación más corta no es tu alma gemela, podríamos privarte de tu crecimiento. Es más apropiado ayudarte a que veas lo que estás aprendiendo y las formas en que puedes ser más amoroso que decirte si la relación va a durar para siempre o si la persona que se acerca es tu alma gemela o no.

Los guías ven tus pensamientos y emociones y pueden saber a partir de ellos los acontecimientos que probablemente vas a configurar. A veces experimentas eventos no deseados e inesperados en cuya creación estás seguro de que no has tenido nada que ver. Pero piénsalo de nuevo. Tu universo es de causa y efecto. Si constantemente piensas en ti mismo como incapaz, como una víctima, serás una víctima. Si piensas a menudo en lo afortunado que eres, experimentarás muchos acontecimientos «afortunados». Atraes los acontecimientos que confirman tus creencias. Podemos ver la energía, los pensamientos y las creencias que conforman lo que eres. Podemos saber a partir de esto los eventos que es probable que atraigas. De nuevo, aquí no hay certezas. Puedes cambiar tu visión de ti mismo como víctima, decidiendo que vas a tomar las riendas de tu vida o de una situación determinada. Esto cambiará el curso de tu futuro.

Cualquier pregunta que alguien haga sobre las predicciones puede ser respondida de manera espiritual. Si alguien pregunta si tendrá éxito en su nuevo proyecto, en lugar de predecir lo que sucederá, su guía puede darle indicaciones sobre cómo hacer que su proyecto tenga éxito. Cuando la gente pregunta: «¿Me casaré y no me divorciaré?» en lugar de decirles que sí o que no, tu guía puede ayudarles a ver lo que pueden hacer para crear la relación amorosa que desean. Cualquier pregunta sobre el futuro puede convertirse en un consejo sobre cómo hacer realidad ese futuro. Una vez que tu guía convierta sus preguntas en oportunidades para ayudarles a crear el futuro que desean, han cumplido con empoderar a las personas. Juntos habéis elevado tu capacidad de ayudar a los demás a transformar su vida.

PROCESO DE ORIN Y DABEN

Buscar futuros probables para uno mismo

Objetivo: Viajar al futuro y traer orientación para el presente.

Preparación: Realiza este proceso sólo después de haber establecido una conexión verbal con tu guía. Ten preparada tu grabadora. Siéntate en una posición cómoda y relájate. Decide a qué distancia en el futuro te gustaría mirar; entre seis meses y un año es lo mejor.

Pasos:

1. Entra en trance y conecta con tu guía. Imagina un símbolo del futuro que más deseas. Representará tu camino de luz para el próximo año. «Lanza» ese símbolo hacia el futuro e imagina que empieza a emitir datos hacia ti sobre cómo llegar a ese lugar. Enciende tu grabadora.

2. Imagina que es dentro de una semana. Deja que tu guía sostenga la luz y amplíe su capacidad de mirar hacia el futuro. En tu mente, mira un calendario y marca mentalmente la fecha. Deja que todos tus sentimientos y pensamientos salgan a la luz. ¿Qué asuntos están en tu mente? ¿Qué cosas nuevas estás planeando? Dedica un tiempo a dejar que las imágenes te lleguen y grábalas en tu grabadora, y después las disuelves.

3. Imagina que es dentro de un mes. De nuevo, mira un calendario en tu mente y marca la fecha. Deja que los sentimientos, las imágenes y los pensamientos que se asocian a ella lleguen a tu consciencia. ¿Qué estás haciendo, pensando, planeando? Observa la diferencia entre tu presente y lo que serías en tu futuro más deseable. Tal vez notes más luz a tu alrededor al atraer la energía de tu futuro yo a tu yo actual. Registra tus impresiones. Ahora, disuelve estas imágenes.

4. Imagina que es dentro de tres meses. Mira el calendario y marca la fecha. Fíjate en lo que piensas hacer y en cómo te sientes dentro de tres meses.

5. Sigue los mismos pasos dentro seis meses. A continuación, según el tiempo futuro que hayas elegido, ve a nueve meses, luego un año o más. Imagina que mirando hacia el pasado ves a tu yo del presente, y que tu yo futuro, con la ayuda de la intuición de tu guía, que le está dando consejos a su yo actual. Analiza los temas de tu vida y date a ti mismo un consejo desde esta perspectiva más elevada, sabia y omnisciente.

6. En función de las sensaciones e imágenes de estos momentos en el futuro, tal vez quieras hacer a tu guía algunas preguntas directas.

   Algunas sugerencias:

   a. ¿Qué opciones y decisiones puedo tomar ahora mismo en mi vida para colocarme en el camino más elevado posible?

b. ¿Qué acciones, pensamientos y comportamientos serían apropiados en el próximo día, en la próxima semana y en el próximo mes en seguir mi camino de luz?

7. Cuando hayas terminado, da las gracias a tu guía y sal del trance.

Evaluación: La gente ha descubierto que este proceso es muy poderoso. Es posible que quieras hacerlo periódicamente, y probablemente descubrirás que la perspectiva de tu vida adopta un ángulo más amplio, como la que posee tu guía. Revisa de vez en cuando tus notas o transcripciones, te alegrará ver los logros y el crecimiento que has conseguido.

Canalizar para ti

SANAYA Y DUANE   Hay a quien le resulta fácil hacerse una lectura a sí mismo, a otros les resulta difícil. A veces es más sencillo empezar con preguntas que tienen poca o ninguna carga emocional para ti, ya que tu implicación en el resultado puede hacer que sea más difícil confiar en las en las respuestas que recibas. Las preguntas del proceso de lectura para uno mismo que siguen fueron desarrolladas por Orin y DaBen para ayudarte a que aprendas a obtener orientación para ti.

SANAYA   Pasé muchos años canalizando antes de realizar lecturas para mí misma. Consideré que se necesitaba un nivel muy alto de desapego personal y serenidad. Si las respuestas activaban una fuerte respuesta emocional en mí, se rompía la conexión. Obtener detalles específicos de mi vida también me llevó varios años de práctica. Al principio, a Orin le resultaba mucho más fácil transmitirme orientación general sobre mi vida. En los comienzos, cuando canalizaba detalles, me involucraba tanto que rompía la conexión. Pasaron varios años antes de que pudiera separarme lo suficiente de los consejos para mantener una conexión firme y clara.

PROCESO DE ORIN Y DABEN

Leer para uno mismo

Objetivo: Obtener las respuestas a preguntas personales para ti mismo.

Preparación: Realiza este proceso sólo después de haber establecido una conexión verbal con tu guía. Prepara una grabadora u otras herramientas de grabación.

Puedes preparar tus preguntas para tu guía con antelación. Quizá te interese anotar las respuestas sobre los mismos temas a las que tú ya has llegado y compararlas con las de tu guía. Algunas personas anotan las preguntas durante la semana para que, cuando se sienten a canalizar, tengan preguntas buenas y bien pensadas.

Pasos:
1. Entra en trance y conecta con tu guía. Enciende la grabadora.
2. Haz tus preguntas y graba las respuestas. Deja que la información fluya, ya sea obvia o inesperada.

    Preguntas que podrías hacer a tu guía:

    a. ¿Qué es lo más importante en lo que debo centrarme en los próximos seis meses y que representa mi propósito superior? ¿Cuál es la segunda cosa más importante?

    b. Considera una situación de tu vida actual. Pregúntale a tu guía: «¿Qué estoy aprendiendo de esta situación? ¿Cómo está sirviendo a mi evolución espiritual?».

c. ¿Cómo puedo llegar a ser un mejor canalizador? ¿Qué cosas puedo hacer física, emocional, mental y espiritualmente para conectar más estrechamente contigo y con mi propia alma?

3. Cuando estés preparado, da las gracias a tu guía y sal completamente del trance.

Evaluación: Si tienes problemas para recibir respuestas a preguntas de carácter personal, sigue practicando. Tus emociones o ideas preconcebidas sobre una situación pueden ser muy fuertes, y puede ser difícil para tu guía atravesar tus intensas emociones. Además, si ya has pensado en las respuestas que recibes de tu guía, pueden surgir dudas sobre si eres tú o tu guía el que está hablando. A muchas personas les resulta más difícil canalizar para sí mismos que para otras personas; a otras les resulta muy fácil hacerlo para ellos mismos y más difícil para otras personas. Se trata de una experiencia individual; ten paciencia y experimenta.

SECCIÓN III

RELATOS SOBRE LA APERTURA
A LA CANALIZACIÓN

10 ❙ NUESTRAS EXPERIENCIAS COMO CANALIZADORES

La primera aparición de Orin

SANAYA La gente me pregunta a menudo cómo conocí a Orin y si sabía de antemano que podía canalizar. No había pensado realmente en ser canalizadora hasta que una mujer, Betty Bethards,[2] me comunicó una lectura en la que me dijo que sería canalizadora cuando tuviera veintitantos años y que canalizar sería el trabajo de mi vida. En el momento de la lectura, yo tenía 18 años, iba a la universidad y me parecía que ser canalizadora era un futuro maravilloso, pero una posibilidad muy lejana. Lo pensé un poco, pero lo archivé junto con otros sueños.

Terminé la universidad y me ocupé de cosas prácticas, como ganarme la vida. Trabajé en una oficina durante varios años y más tarde monté un pequeño negocio de consultoría de *marke-*

---

2. Autora del extraordinario libro *La muerte no existe*, Ediciones Obelisco, 2005.

ting por mi cuenta. Me encantaba el mundo de los negocios, pero parecía que me faltaba algo. Por aquel entonces, Jane Roberts canalizó varios libros de su guía, Seth, que leí y me encantaron. Varios amigos y yo empezamos a reunirnos para hablar de los libros, y conseguimos una *ouija* para conectar con nuestros propios guías. Recibimos mensajes inmediatamente, y pedimos el guía más elevado que pudiéramos obtener. Queríamos un guía como Seth.

Así fue como conocí a Orin en el año 1977. Orin vino a través del tablero de la *ouija*, anunciando que era un gran maestro y que tendríamos más noticias de él a medida que yo fuera más capaz de recibirlo. Estaba claro que era yo quien recibía los mensajes, así que un amigo se convirtió en mi compañero mientras el otro tomaba notas. Continuamos recibiendo orientaciones de Orin una vez a la semana y mucha información de otro guía, Dan, que venía más a menudo. Acudieron muchos amigos a estas sesiones y tomamos más de doscientas páginas de notas.

Ese mismo año, tuve un accidente de tráfico. Un coche se puso delante de mi VW Bug, lo que me hizo frenar de golpe, y mis frenos se bloquearon. Mientras mi coche giraba en la autopista, el tiempo se ralentizó mucho y pareció como si se abriesen portales a otras dimensiones. Era como si pudiera ver el futuro y saber que todo estaría bien. Cuando todo termino, un poco aturdida y con el coche dado la vuelta, sabía que se había producido un cambio en mi interior. Esa noche guardé la *ouija* y empecé a canalizar directamente a través de mi voz.

Recuerdo mis dudas iniciales sobre la canalización verbal. Temía que no pasara nada o que los mensajes no tuvieran sentido. Muchos amigos estaban presentes y se sentaron expectantes esperando que empezara. Cerré los ojos y escuché de la misma manera que había «escuchado» los mensajes que llegaban a través del tablero de la *ouija*. Al principio, los mensajes que recibía sonaban como una grabadora que va demasiado rápido. Las ideas pasaban a toda velocidad y se agolpaban en mi conciencia antes de que pudiera verbalizarlas. Pedí que las palabras fueran más lentas. Luego llegaban tan despacio que mi mente divagaba y perdía la conexión. Pero logré transmitir mensajes coherentes y significativos, y la velada fue un éxito emocionante.

Este proceso continuó durante algunas semanas, hasta que la velocidad de la información y mi capacidad para recibirla se alinearon. Las imágenes mentales eran tan vívidas y ricas que sentí que las palabras no eran más que una sombra de la esencia que estaba experimentando. La facilidad para canalizar los mensajes dependía de mi energía y del grado de reconocimiento y confianza que estuviera dispuesta a dar a lo que estaba transmitiendo. Al concentrarme en recibir la primera o las dos primeras palabras e imaginar que venían del tablero de la *ouija*, pude hacer la transición exitosa a la canalización. Una vez que recibí las primeras palabras, el resto del mensaje fluyó. Entonces hablaba con mi propia voz, ya que me daba mucha vergüenza que les pareciese fuera de lugar a mis amigos. Reprimía los gestos y la voz que sabía que eran parte de Dan, que hablaba a través de mí. Dan explicó que reduciría la energía de Orin hasta que yo fuera capaz de recibir directamente la vibración superior de Orin. Orin explicó que mi cuerpo era como un cable eléctrico que sólo podía soportar veinte voltios, y Orin era más bien de cincuenta voltios.

Aprendí que si dejaba que mi atención se desviara, aunque fuera un momento, perdía el mensaje y tenía que reenfocar mi conciencia para encontrarlo de nuevo. La canalización requería una enorme concentración. Era como encontrar un canal en la televisión con el que podía conectar siempre y cuando mantuviera el pensamiento en mi mente. Después de un tiempo, fui capaz de sentir mis propios pensamientos junto a los de Dan. Le hacía preguntas mentalmente mientras le explicaba algo a alguien, y podía sentir su respuesta incluso mientras yo canalizaba un mensaje suyo a otra persona.

Hablando conmigo a través de la *ouija*, Orin sugirió muchas cosas para ayudarme a aumentar mi vibración y que me fuera posible recibirlo. La primera vez que traté de dejar que Orin se manifestara a través de mí casi me desmayo. Sentí que me expandía de arriba abajo convirtiéndome en algo parecido a una esponja más grande que la habitación, pero todavía encerrada en un campo de energía. Tuve una impresión de aplastamiento en el pecho y una sensación de poder y amor. Mi percepción de la luz y el color cambió. Dejé de intentar comunicar con Orin verbalmente, pero seguí sus sugerencias de ponerme en forma y empecé a correr en las colinas boscosas que están detrás de mi casa.

Cuando compré una nueva grabadora y me puse a grabar cintas se produjo un gran avance. Entré en un trance muy profundo y grabé una cinta. Cuando reproduje lo que había grabado, me di cuenta de que había canalizado a Orin verbalmente por primera vez. La grabación era una meditación guiada que debía escuchar para mejorar mi conexión con Orin y ser mejor canalizadora. Orin me enseñó mucho sobre la canalización. Me aconsejó que practicara con un metrónomo ajustado a la velocidad de un latido cardíaco, y luego practicara la canalización a diferentes velocidades. Me hizo trabajar con mi respiración, practicar ejercicios de enfoque y concentración y muchas otras cosas. Fue en este momento cuando Dan se fue, diciendo que su propósito se había cumplido y que Orin se haría cargo de las cosas a partir de entonces.

Los tres años siguientes los pasé haciendo lecturas y hablando con diversas personas. En retrospectiva, me doy cuenta de que fue una época de práctica, práctica, y más práctica. Mi capacidad de canalizar y reflejar los mensajes con precisión aumentó. Los mensajes eran instructivos y precisos, y ayudaron a la gente a cambiar su vida para mejor. Yo seguía trabajando a tiempo completo en otros trabajos y, sin embargo, cada minuto libre que podía encontrar lo dedicaba a seguir mi camino con Orin. Estar con Orin y canalizar era tan divertido que lo prefería a cualquier otra cosa. Experimenté a Orin como un ser muy sabio y cariñoso. Tenía una forma de ver el mundo que era totalmente diferente a la mía. Para mí era cada vez más importante mi crecimiento espiritual y alcanzar la conciencia de Cristo. Orin se convirtió en mi maestro y guía hacia una conciencia superior, ayudándome a despertar a mi propia sabiduría y a tener más sentimientos de amor y mayor paz. Me impartió muchas meditaciones guiadas para ayudarme a lograr mi crecimiento espiritual.

Conocí a Duane en 1982, cuando acudió a Orin y a mí para una lectura. Duane había oído hablar de Orin a través de un amigo común y quería información sobre su vida. Durante muchos años, su carrera se había desarrollado en el entorno de la geología y la geofísica, en las que tenía un doctorado. Era consultor y viajaba por todo el mundo asesorando sobre la construcción de presas en regiones sísmicas y dirigía una gran empresa de exploración petrolífera. Por las noches enseñaba y sanaba con técnicas de trabajo corporal que había desarrollado. Dudaba si quería continuar con su carrera, iniciar su propio negocio de consultoría, dedicarse a tiempo completo a la enseñanza y al desarrollo de su trabajo corporal o explorar partes de la tierra, escribiendo y buscando puntos de poder (lugares que contienen una energía poderosa).

Orin animó a Duane a seguir sus mensajes internos y a probar cosas nuevas. La lectura trataba del propósito de su vida y de encontrar la manera de elegir qué hacer entre las muchas oportunidades que tenía frente a él. Después de la lectura, le comenté a Duane que tenía problemas para sentarme porque había sufrido un tirón en la espalda siguiendo un nuevo y riguroso programa de ejercicios. Duane me quitó el dolor en pocos minutos. No podía creer que lo hubiera conseguido tan rápidamente. De hecho, no creía que pudiera hacerlo desaparecer en absoluto. Había pensado que las agujetas y el dolor eran una forma de la vida cuando hacías ejercicio.

Ése fue el comienzo de un emocionante viaje aprendiendo sobre la energía y el cuerpo, la mente y el espíritu con Duane como maestro. Duane y yo compartíamos un interés común en muchas cosas y disfrutamos retándonos mutuamente a entrar en nuevas áreas de crecimiento. Trabajamos juntos durante los siguientes años alternando los papeles de maestro y alumno. Trabajando con Duane, empecé a dejar de lado todas mis ideas preconcebidas sobre lo que era posible en el ámbito de la sanación, en particular, la idea de que la sanación lleva tiempo. Él me mostró que podía producirse con una velocidad milagrosa. Duane me ayudó a alinear mi cuerpo con la frecuencia más alta que transmitía cuando canalizaba.

Orin y yo estábamos dando las clases que se convertirían en el libro *Living with Joy* en el momento en que él y DaBen sugirieron que enseñáramos a canalizar. Por aquel entonces, yo había dejado mi otro empleo y estaba dedicando todo mi tiempo a mi trabajo con Orin. Orin alentó a Duane a desarrollar su clarividencia y le ayudó a entender los cambios que estaban produciendo en su trabajo corporal.

La Entrada de DaBen

DUANE Mi primera experiencia con DaBen ocurrió cuando yo impartía sesiones de trabajo corporal. Mientras trabajaba con la energía de las personas, me encontré haciendo cosas que no parecían provenir de ninguna formación o conocimiento previo, y estos movimientos y técnicas produjeron resultados sorprendentes. La gente descubrió que las lesiones o el dolor que habían tenido durante años a veces desaparecían en tan sólo una hora. Era incapaz explicar cómo estaba obteniendo estos resultados. Parecía «saber» cuándo había terminado realmente una determinada intervención y sentía una presencia invisible que parecía estar ayudándome. No podía pasar a trabajar en otra parte del cuerpo de alguien hasta haber completado ciertos movimientos y técnicas. Esta presencia invisible me ayudaba a saber qué hacer «dándome» métodos de curación que nunca me habían enseñado y que nunca había utilizado antes.

Me fascinaba la interacción de la mente y el cuerpo, sobre todo después de convertirme en un corredor asiduo. El comienzo de mi trayectoria como corredor se vio salpicado por casi dos años de dolor de pies, tobillos y rodillas. Sin demasiadas esperanzas, intenté sanarme a mí mismo. Me habían dicho que la causa era un problema óseo o un problema estructural. A medida que sintonizaba cada vez más con mi cuerpo, empezó a parecerme que podía ver dentro de él. Me di cuenta de que el verdadero problema eran los músculos. Poco a poco empecé a percatarme de que podía curar mis lesiones utilizando la mente para cambiar la forma en que pensaba en ellas, y luego reestructurar los músculos mediante la manipulación física. Supe que podía solucionar las lesiones de otras personas de la misma manera. Los atletas comenzaron a acudir a mí. Al principio, recreaba la lesión en mi propio cuerpo. Averiguaba cómo curarla en mí, y luego la corregía en la otra persona. Después de que se hubieran ido, sanaría su lesión, que había traído a mi propio cuerpo. Entonces empecé a explorar formas de sanar a la gente sin asumir sus problemas. Una de las cosas que empecé a hacer fue ayudar a la gente a descubrir cómo podían usar su mente para sanarse sus lesiones ellos mismos mientras yo trabajaba en ellas.

Trabajando en las lesiones de la gente, me di cuenta de que percibía la energía que estaba dentro y alrededor del cuerpo, pero no la del propio cuerpo físico. La sensación de una presencia cercana era cada vez más fuerte cuando trabajaba, pero rechazaba las ideas de los guías y de la sanación psíquica porque no encajaban con mi formación científica. Empecé a investigar metódicamente todas las técnicas de trabajo corporal que pude encontrar, desde enfoques orientales como la acupresión y disciplinas afines, hasta enfoques occidentales como el Rolfing, la kinesiología, el rendimiento deportivo, el estudio del movimiento y una plétora de otros estilos y técnicas de trabajo corporal.

Una amiga que estaba familiarizada con la canalización y había tenido lecturas de muchos guías me regaló una lectura con Orin. Yo había seleccionado a Orin después de escuchar las lecturas que ella tenía grabadas de otros canalizadores, ya que la información y la transmisión de Orin lograron atravesar mi escepticismo con respecto a las habilidades «psíquicas». Así fue como conocí a Sanaya y a Orin. La lectura realmente me hizo reexaminar la forma en que pensaba sobre mi vida. No creí a Orin cuando me dijo que probablemente dejaría mi trabajo, ni siquiera estaba convencido de que la canalización fuera real. Sin embargo, aplacé el juicio porque no había encontrado ninguna respuesta a mis nuevas experiencias en el trabajo corporal a través de los enfoques tradicionales. Mientras continuaba trabajando con Sanaya, noté un cambio en su energía y el aura cuando canalizaba. También me di cuenta de que el amor y la sabia perspectiva de Orin superaban a los de cualquier otro ser humano que conociera. Así que me encontré con muchas contradicciones entre lo que creía y lo que estaba ocurriendo ante mis ojos.

Hubo una serie de experiencias psíquicas que intensificaron las crecientes contradicciones de mis creencias. Un día, mientras corría por las colinas, todo se convirtió en patrones de movimiento. Los árboles ya no parecían árboles, sino patrones vibratorios, y yo podía ver a través de ellos. Inmediatamente me preocupó mi cordura. No sólo no quería contárselo a los demás, sino que ni siquiera quería reconocer que estas cosas estaban sucediendo. Unos días después, me detuve junto a un coche en un semáforo. Miré al conductor del coche y, para mi sorpresa, en lugar de ver a una persona, vi un capullo de luz y líneas de energía alrededor de su cuerpo. Estaba tan preocupado que pedí que estas experiencias se detuvieran, y así fue. Pasó un tiempo antes de que pudiera revivirlas cuando más tarde quise seguir desarrollando esta visión clarividente.

A medida que iba trabajando con Sanaya, empezaron a venir a mí para curarse gente que canalizaba y personas sensibles a la energía psíquica. Comencé a explorar la posibilidad de ayudar a la gente en su canalización a través del tacto y el trabajo energético. Descubrí que podía lograr resultados significativos siguiendo mis sentidos internos y la presencia invisible que parecía estar a mi alrededor. Más o menos en ese momento empecé a ver de nuevo la energía en los cuerpos de las personas y alrededor de ellos. Fui capaz de distinguir tres y luego cuatro energías de diferentes cualidades o capas. Más tarde, a través de la observación de cerca, descubrí que estaban estrechamente relacionadas con las auras físicas, mentales y espirituales de las personas. Algunas personas tenían vórtices de energía a su alrededor. Cuando fui capaz de «calmar» estos vórtices y ponerlos en patrones más organizados a través del tacto, la gente experimentó cambios espectaculares en su capacidad de llegar a las esferas espirituales.

Tenía sentimientos profundamente encontrados. Mi parte científica iba a trabajar todos los días para lidiar con la gestión y las realidades de la ciencia y el mundo de los negocios. Después del trabajo, llegaba a casa y trabajaba con la energía de la gente, viendo cosas que la ciencia decía que no existían y produciendo resultados aparentemente imposibles. Aunque este «equilibrio» había sido ideal y cómodo durante varios años, la brecha entre las dos realidades se estaba ampliando. Sabía que tenía que encontrar algún tipo de solución si quería ser funcional. Mi yo científico me decía que me estaba volviendo loco si me dedicaba a la energía y al trabajo corporal a tiempo completo. Mi yo intuitivo me decía que ya no podía soportar ir a trabajar y negar lo que se estaba convirtiendo en la parte más interesante de mi vida, mis experiencias con la realidad supraconsciente. En abril de 1984, pasé un día entero con Sanaya y Orin, esperando resolver el conflicto.

Aquel día de abril, supe que algo iba a pasar. Semanas antes, el nombre «DaBen» me había llegado mientras conducía. Oí el nombre DaBen como si me lo hubieran susurrado al oído, y desde entonces, sentí la urgente necesidad de explorar este fenómeno. Todavía no estaba seguro de creer en la canalización, aunque podía ver el cambio en las auras de las personas cuando entraban sus guías. Cada vez era más difícil negar lo que estaba viendo. Desde luego, no quería entregar mi vida a un guía, quería manejarla por mí mismo.

Ese día, Orin me hizo decir el nombre «DaBen» e invitar a la presencia a que se acercase. Empecé a sentir calor y frío mientras lo hacía. Empecé a ver a Sanaya en colores y capas y pude ver a través de ella. La entidad parecía acercarse y hacerse más real. Las sensaciones físicas eran muy fuertes, la parte baja del diafragma vibraba incontroladamente y me faltaba el aire. Fue muy impresionante, y me doy cuenta en retrospectiva de que si no hubiera sido una experiencia sorprendente, no habría creído que fuera real. En ese tiempo creía que las cosas eran reales sólo si tenían un grado de dificultad, y creía que si eran físicamente exigentes probablemente valían la pena. Más tarde me di cuenta de que la entrada de DaBen no tenía por qué ser algo sorprendente, y ahora conecto con él fácilmente.

Mi apertura a la canalización creó cambios inmediatos en mi vida. Desde la perspectiva superior de DaBen, quedó claro lo que tenía que hacer para que mi vida funcionara. Había pasado muchos meses en la indecisión, siendo dos personas, preguntándome qué hacer. Entonces sabía con una profunda certeza interior que tenía que seguir el camino, cualquiera que este fuese, en el trabajo corporal y el empoderamiento de los demás, y quería aprender más sobre la canalización. Al día siguiente tracé un plan de salida y anuncié a la empresa que me iba.

Fue una decisión importante, pues tuve que enfrentarme a todos los años de formación científica en los que había ignorado los fenómenos metafísicos o me había reído de ellos. La canalización y los guías no eran en absoluto temas que se debatiesen con otros científicos. Sabía que, por mi propia cordura, necesitaba encontrar algunas explicaciones lógicas y científicas para la canalización, así que me puse a estudiarla como había estudiado la ciencia y el trabajo corporal. Estudiar el cuerpo y los sistemas energéticos desde la perspectiva de la de la apertura a la canalización se convirtió en mi principal objetivo. También lo fue todo lo que pudiera encontrar que me ayudara a entender la canalización desde el punto de vista filosófico, religioso y científico.

Desde entonces, Sanaya y yo empezamos a canalizar juntos. Parecía que nuestros guías se conocían. A menudo querían hablar sobre los mismos temas, retomando el uno donde el otro lo hubiera dejado. Recibimos mucha orientación que nos ayudó a realizar algunos cambios en nuestra vida entre abril y noviembre de 1984.

No fue una sola cosa o evento lo que me convenció de la realidad de la canalización, sino toda una serie de eventos. Había coherencia en lo que DaBen decía. Incluso si no había hablado durante meses sobre un tema, lo retomaba exactamente donde lo hubiera dejado antes. Me decía qué cosas iban a suceder, y así ocurría. Poco a poco, casi a regañadientes al principio, empecé a sentirme fascinado por conocer los conocimientos que DaBen me estaba mostrando y deseoso de alcanzaros. Canalicé con frecuencia sobre el trabajo corporal y los sistemas de energía. Las cosas han seguido funcionando de manera sorprendente y se ha establecido una relación de confianza y de trabajo entre DaBen y yo.

11 PREPARARSE PARA ENSEÑAR CANALIZAR

Preparación

SANAYA   Queremos compartir con vosotros las experiencias de otras personas con su apertura y cómo les cambió la vida. Aunque tu experiencia será única, esperamos que a partir de nuestras historias y las de otros descubras aún más tus posibilidades inherentes de canalización. Más que nada, nos hemos divertido canalizando. Al canalizar, hemos hecho lo que nos gusta hacer. Nos ha mostrado que cada uno de los momentos de la vida puede ser rico y lleno de significado.

Estuvimos bastante ocupados durante el mes posterior a noviembre, cuando Orin y DaBen sugirieron por primera vez que enseñáramos a canalizar. Continuamos nuestras jornadas de puertas abiertas de los lunes por la noche una vez al mes y elaboramos un programa para el período de enero a junio. Los temas eran los cuerpos invisibles: los chakras, los cuerpos astral, etérico y causal, y los seres multidimensionales. No sabíamos mucho sobre estos temas, pero Orin y DaBen nos dijeron que eso era lo que querían enseñar, así que esperábamos con ansia estas clases.

En medio del envío de las felicitaciones de Navidad y la elaboración de los calendarios, también estábamos planeando un viaje al desierto del sur de California para buscar puntos de energía y proseguir con nuestro aprendizaje. Pasamos unas semanas estupendas en el desierto, y cuando estuvimos allí Orin y DaBen nos dieron mucha información sobre los guías y quiénes eran, cómo transmitían la información y cómo saber si eran guías superiores o no.

Preparar la burbuja de luz

SANAYA La fecha del primer curso de canalización fue a finales de febrero. En enero ya teníamos más gente de la que creíamos que podíamos hacernos cargo, así que fijamos la fecha para un segundo curso en marzo. Jean St. Martin, un excelente consejero y canalizador con el que había coincidido a principios de año, nos invitó a Dallas para impartir dos cursos de canalización. Nos preocupaba lo rápido que iban las cosas, ya que ni siquiera habíamos preparado el curso todavía. Orin y DaBen nos habían dado la información, pero aún no nos habían comunicado los procesos. La gente llegaba de todas partes, lo que indicaba su interés en aprender a canalizar. Parecía como si fuéramos arrastrados por una fuerte corriente. El mero hecho de seguir el ritmo era de por sí un reto.

Recopilamos toda la información sobre la canalización que habíamos recibido de Orin y DaBen y la encuadernamos en un libro que les daríamos a los alumnos a fin de que pudieran utilizarlo para preparar su apertura. Entre las fuertes tormentas, tuvimos algunos días cálidos y soleados que pasamos canalizando en las colinas detrás de la casa de Duane, y Orin y DaBen nos transmitieron los procesos que dijeron que ayudarían a la gente a abrirse.

Unos días antes del curso, Orin y DaBen sugirieron que preparásemos una burbuja de luz. Nos explicaron que la burbuja no era para protegernos de nada, sino para transmutar o cambiar la energía a una vibración más alta. Cualquiera que se sentara «dentro» de la burbuja recibiría ayuda para elevarse. Explicaron que podíamos crear la burbuja concentrándonos e imaginándonos rodeados de luz. Nos hicieron jugar con el tamaño y la densidad de la burbuja, acercándola, luego haciéndola tan grande que superara el tamaño de la casa y observando nuestros sentimientos internos mientras lo hacíamos. Nos pidieron que usáramos la burbuja durante nuestras clases de los lunes por la noche para observar su efecto en otras personas. Los resultados fueron sorprendentes.

La jornada de puertas abiertas del lunes por la noche de ese mes trató el tema del ser multidimensional, nuestro ser más grande que existe en las esferas superiores. Algunos lo llaman la «propia fuente»: mediante ejercicios, Orin y DaBen transportaron a los asistentes para ayudarles a ascender para visitar la esfera causal e incluso más arriba para descubrir su propia fuente. Mientras lo hacían, Duane y yo utilizábamos la imagen de la burbuja de luz. Cuando sentíamos que la burbuja era fuerte y nuestra propia energía estaba centrada, la energía en toda la sala parecía subir, la gente se sentía más amorosa y conectada y era capaz de experimentar mucho más. Cuando alguien dudaba mucho o se resistía a ascender, a veces sentíamos que la burbuja se tambaleaba. Todos los presentes percibían y sentían los efectos. Cuando la burbuja vacilaba, tenían más problemas para experimentar las cosas o dudaban. Cuando conseguíamos mantener la burbuja estable, la gente encontraba más fácil ascender.

Comenzamos a «preparar la burbuja» varios días antes del curso de canalización energizando la sala con imágenes de luz. También empezamos a vincularnos con la gente telepáticamente enviándoles todo el amor y apoyo, creando un «espacio seguro» con la burbuja de luz a su alrededor y descubrimos que hacer que la gente preparara su propia burbuja creaba el mismo efecto.

Entonces ya teníamos los procesos, así como un libro para dar a la gente, y Orin y DaBen dijeron que estábamos listos para enseñar a canalizar. Teníamos muchas ganas de hacer el curso, pero la noche anterior a la primera clase, Duane y yo estábamos nerviosos. ¿Y si nuestros guías habían sido demasiado optimistas sobre la capacidad de la gente para canalizar? Esperábamos con expectación para ver si la gente podía realmente aprender a conectar verbalmente con sus guías.

Testimonios personales: Cómo descubrí la canalización

SANAYA Y DUANE   La mañana del primer día de cada curso comenzamos preguntando a la gente cómo se había sentido atraída por la canalización. Para la mayoría, la idea de canalizar a un guía era muy emocionante y representaba la siguiente etapa en su camino espiritual. Algunos no habían oído hablar de la canalización o de los guías unos meses antes, pero en cuanto se enteraron de ello, supieron que era algo que tenían que hacer. Este tema se repitió una y otra vez por las muchas personas que vinieron a abrirse para canalizar.

Los asistentes eran personas motivadas y autosuficientes que provenían de diversos campos profesionales. Eran científicos, médicos abogados, empresarios, especialistas, así como curanderos, artistas, músicos, terapeutas, oficinistas y amas de casa. Algunos habían tropezado con información canalizada muchos años antes y habían dejado de lado su deseo de explorarla más profundamente hasta que sus hijos crecieran, o hasta que tuvieran más tiempo para dedicarse a ello. Otros habían sido sanadores toda su vida y ejercían como médicos, terapeutas físicos, astrólogos o psicoterapeutas tradicionales. Habían entrado en contacto con la idea de la canalización y tenían un fuerte deseo de aprender más. Ninguno de ellos pensaba convertirse en canalizador, simplemente les pareció una etapa natural más. Muchos dijeron que habían sentido que no «encajaban». No habían sido capaces de entender qué hacían en la tierra. Sin embargo, todos se sintieron impulsados a hacer algo. Sabían que tenían una misión o algo importante que hacer, aunque algunos todavía no habían descubierto lo que era. Sentían que la canalización les proporcionaría algunas de las respuestas que habían estado buscando.

Todos estaban interesados en crecer y superarse. Se habían acercado a este campo por medio de libros, seminarios, profesores o clases. Algunos tenían enfermedades como alergias o resfriados recurrentes a los que la medicina convencional no podía ayudar, y habían recurrido a los métodos de sanación alternativos o a la nutrición en busca de respuestas. Esto les abrió un nuevo sistema de creencias sobre lo que era posible. Muchos encontraron la cura cambiando la estructura de sus creencias o sanándose a sí mismos con emociones positivas o una dieta diferente, en lugar de con medicamentos. Con este cambio se abrieron las compuertas y entraron muchas experiencias y creencias nuevas.

Muchos dijeron que habían sabido de los guías y la canalización por primera vez a través del libro de Shirley MacLaine *Lo que sé de mí,* en el que habla de sus experiencias con la canalización. Al leerlo, les pareció que la canalización podría ser ese algo que habían estado buscando. Algunos tuvieron sueños que luego se hicieron realidad o contenían mensajes potentes. Otros tenían voces interiores susurrantes que se habían vuelto tan fuertes que ya no podían ignorarlas. Y otros más, en su búsqueda de respuestas, habían explorado las religiones orientales, seminarios y cursos de la Nueva Era y disciplinas como la meditación y el yoga. Algunos habían leído los libros de Seth de Jane Roberts y querían conectarse con una sabiduría e inteligencia superiores, pero hasta hacía poco no consideraron que fuese posible. Algunos habían oído hablar de la canalización y los guías de amigos y descubrieron que les había llegado una respuesta interna. Algunos habían estudiado con los guías de otras personas y en ese momento querían canalizar ellos mismos.

Muchos se encontraban en un período de transición personal, están terminando con relaciones duraderas o pensando en hacerlo, o habían abandonado el que había sido su trabajo de muchos años y se trasladaban a nuevas áreas. Algunos estaban experimentando grandes cambios internos que no habían sido capaces de explicar. Muchos se cuestionaban cosas que antes daban por sentadas. Una y otra vez, la gente hablaba de estar en una búsqueda que no habían elegido conscientemente, pero que se sentían obligados a continuar aunque no supieran a dónde los llevaría. Había un sentimiento generalizado de emoción y aventura. La resistencia y las dudas de la gente no eran tan fuertes como su deseo de seguir adelante y descubrir las posibilidades que había en su interior.

Muchos tenían una vida exitosa; habían logrado sus objetivos y conseguido lo que creían que querían, pero seguían teniendo la sensación de que algo faltaba en su vida. La mayoría de ellos no habían podido encontrar las respuestas que buscaban en los sistemas religiosos, científicos o psicológicos tradicionales que habían explorado. No Todos querían abandonar estos sistemas, pero sentían la necesidad de mejorarlos de alguna manera. Muchos eran religiosos. Algunos eran psicoterapeutas tradicionales que descubrieron que podían sanar a la gente mejor cuando trabajaban con el alma y el espíritu de las personas a través de la meditación y otras formas no tradicionales que con los métodos de la psicología tradicional.

En todos los testimonios había un tema común. En cuanto hubieron decidido aprender más sobre canalización, una coincidencia tras otra empezó a reforzar su decisión. Sólo unos días después, un libro o un amigo les daba información adicional o el nombre de alguien con quien hablar sobre la canalización. Surgieron oportunidades para ir a lugares y experimentar cosas que les proporcionarían respuestas. Era como si una fuerza invisible los dirigiera. La mayoría lo encontraba intrigante y se dejaba llevar por su curiosidad y su sentido de la aventura. Sobre todo, se sentían atraídos por el gozo del crecimiento y la posibilidad de elevarse.

Después de escuchar los testimonios de los alumnos durante la mañana, les proporcionamos información adicional sobre la canalización. Les guiamos a través de los procesos que nos habían dado. Orin les hizo llamar a sus guías y los condujo a través de la apertura mientras Duane los monitoreaba y trabajaba en la apertura de su energía a través del tacto.

Más tarde, les pedimos que se hicieran lecturas unos a otros. Esto les resultó más fácil que la canalización sobre diversos temas de la sabiduría universal. Obtuvieron una respuesta inmediata de los demás sobre sus lecturas, lo que parecía aumentar su confianza. Podían informar a los otros sobre temas sobre los que no podrían saber nada si no fuera por la canalización. Hallaron que su precisión era increíble, lo que parecía aumentar su confianza. Terminamos el día con una canalización de grupo en la que todos los guías hablaron del propósito de muchas personas que aprendían a canalizar. Este primer día fue seguido, unos días más tarde con una velada en la que aprendieron a hacer lecturas para sí mismos y a mirar hacia futuros probables. Todos tenían testimonios de sus experiencias y sus cambios que compartiremos contigo en los próximos capítulos.

Impartimos el curso de canalización cuatro veces en el siguiente mes y medio, y todos fueron capaces de canalizar. Desde entonces, hemos impartido el curso tan a menudo como hemos tenido a gente interesada, que era una vez al mes más o menos. Para nuestro asombro, todos con los que hemos trabajado han sido capaces de canalizar, y su éxito nos ha alegrado mucho.

12 ENSEÑAR A SER CANALIZADOR

Testimonios de los primeros encuentros con los guías

Sanaya y Duane   Los siguientes testimonios ilustran algunas de las respuestas habituales que la gente obtuvo cuando conoció a sus guías en nuestros cursos. La mayoría –más del 80 %– comenzó a canalizar con facilidad. Algunos tuvieron pequeñas dificultades. Al final de los testimonios, hemos añadido sugerencias sobre qué hacer si te encuentras con estos problemas. Aunque lo presentamos como un solo curso, los ejemplos se han extraído de varios de los impartidos en los dos últimos años. Comparte con nosotros la emoción de cada de la apertura a la canalización, ya que es un momento verdaderamente especial, ya sea con un grupo de personas, con un amigo o en solitario.

El curso de canalización se había desarrollado durante toda la mañana, y la emoción en la sala había ido creciendo constantemente. Tanto Orin como DaBen habían estado haciendo un trabajo de energía para abrir y preparar a la gente para los enlaces con sus guías. Los alumnos ya habían aprendido los estados de trance, la postura y los ajustes de posición para mejorar la conexión. Habían sintonizado con las fuerzas vitales de las flores y los cristales y habían utilizado el sonido, varios cantos y otras técnicas para abrir la garganta y conectarla con su centro energético superior. Entonces fue cuando se conectaron con su guía por primera vez y la emoción era intensa.

Una mujer tenía lágrimas en las mejillas. Toda la mañana había estado apretando las manos y diciendo que tenía problemas para relajarse y elevarse. La vimos relajarse cada vez más a medida que se llamaba a su guía. Finalmente, con su guía totalmente presente, estaba experimentando una enorme liberación. Dijo que su novio acababa de romper con ella y que durante toda la semana había tenido fuertes sentimientos de abandono, de rechazo y de no ser lo suficientemente buena. Se había preguntado si encontraría un guía porque no se sentía especial o merecedora. Sus lágrimas eran de alivio y alegría, y más tarde dijo que sentía una sensación de amor y protección por parte de su guía. Era como si una parte profunda de ella se relajara y por fin se abriera.

Orin le indicó que le dijera a su guía que la ayudara a liberar el dolor emocional que había estado cargando. Su rostro, poco a poco se volvió más radiante. Pronto dijo que se sentía como si estuviera flotando. Se sintió muy tranquila y su guía comenzó a hablar a través de ella. Se identificó a sí mismo y le contó muchas cosas sobre su relación, su propósito más profundo, lo que estaba pasando con su novio y por qué tenía que separarse de él. Después, ella contó que eso se supuso una profunda sanación. Sabía que había experimentado una guía porque todo lo que había antes era tristeza, rabia y falta de perdón. Entonces, entendía por qué su novio la había dejado, y parte de la tristeza había desaparecido.

Orin le dijo después que ella se había estado preparando para este guía durante mucho tiempo. Una de las creencias más importantes que había desarrollado antes de aprender a canalizar era la de que ella no contaba y no podía cambiar el mundo. Ella había estado trabajando para conseguir una solución porque un guía no podía trabajar eficazmente a través de ella hasta que comprendiera que podía cambiar las cosas, ya que un guía de nivel superior surte efecto y cambia las cosas. Varios meses después nos dijo que se sentía más segura que antes, que se sentía bien por haber dejado la relación y que estaba poniendo su vida en orden antes de empezar a tener nuevas citas. Un año después nos dijo que tenía un nuevo trabajo, que se había mudado a un nuevo apartamento, que estaba saliendo con un hombre que era sanador y que los dos estaban explorando la posibilidad de impartir clases juntos.

Si te sientes muy emocionado mientras te abres, simplemente deja que tus sentimientos fluyan. Ábrete a las lágrimas o a la alegría que puedas estar sintiendo. Respira con calma y practica las técnicas de relajación que has aprendido. Cuando te sientas más tranquilo, puedes establecer una conexión verbal. Pide a tu guía que te dé más información sobre el tema que te emociona, o elige un tema de interés y hazle preguntas a tu guía sobre él.

Un hombre grande, alto, con acento sureño y un delicioso sentido del humor, que no había tenido experiencia previa en nada psíquico o metafísico, acudió al curso para aprender esta maravillosa «cuestión nueva» de la que había oído hablar. Era el dueño y director de varias grandes empresas inmobiliarias y de operaciones mineras alrededor del mundo e iba a usar la canalización para que le ayudase con sus negocios. Quería aprender a canalizar porque estaba interesado en crecer y encontrar respuestas y estaba abierto a las cosas nuevas. Había pasado por todos los procesos anteriores con aparente facilidad, pero cuando llegó el momento de conocer a su guía, tuvo problemas. Decía que llegar a su guía era como intentar encontrar una palabra que estaba en la punta de la lengua, algo frustrantemente cercano pero inalcanzable.

Como sucede en ocasiones, su deseo de conectarse con las esferas superiores era fuerte, pero aún no había encontrado la manera de elevarse. Nunca antes había meditado, ni leído sobre metafísica ni utilizado su mente para conectarse con lo superior de esta manera. Cuando Duane trabaja con estas personas, les ayuda a dirigir su energía hacia arriba, a veces armonizando sus energías mental y emocional a través del tacto para aumentar su capacidad de mantener vibraciones más altas. Duane le ayudó a elevar su energía hasta que su guía pudiera transmitir y hablar a través de él. Hemos descubierto que todo lo que tenemos que hacer con muchos de los alumnos es decir a sus guías que ajusten su respiración o aumenten su energía. Los guías lo harán o mostrarán a la gente cómo hacerlo y sus canales se abrirán con facilidad.

Cuando su guía comenzó a hablar, el hombre empezó a sudar y a temblar. Con el tiempo, cuando se dio cuenta de que podía soportar la vibración más alta, estas sensaciones disminuyeron. Su guía comenzó a hablarle sobre cómo podía manejar algunos detalles prácticos de su negocio y él se sintió muy satisfecho. Aunque este hombre tuvo problemas para entrar en trance durante la primera parte del día, al final de la tarde informó de que el estado de trance se estaba convirtiendo en una sensación familiar. Su guía tenía un magnífico sentido del humor y aportaba una sensación de diversión a todos los participantes en el curso. Un año después nos informó de que había recibido una ayuda infinita de su guía en todas las áreas de su vida y que sentía que había encontrado un verdadero amigo. Dijo que le era mucho más fácil tomar decisiones de negocios y que la canalización le había proporcionado un sentimiento mayor de compasión y comprensión hacia los demás.

Si tienes problemas para «llegar» a tu guía, sigue imaginando que te elevas. Relájate, abre la parte posterior de tu cabeza y cuello a un mayor flujo de energía imaginando que lo estás haciendo o pidiendo a tu guía que te ayude a abrir esta zona. Practica la concentración en el pensamiento de tu guía y pídele que te dé un impulso energético. Pide a tu guía que se acerque e imagina que se abre a esta conexión cuando te sientas preparado. Pon música inspiradora y ten pensamientos hermosos y amorosos. Finge que estás canalizando y concéntrate en las preguntas a las que quieres dar respuesta. Todas estas cosas te ayudarán a expandir tu conciencia, a elevar tu vibración y acercarte a la esfera del guía.

Orin estaba trabajando con una mujer que todavía no había sido capaz de canalizar a través de su guía. Había estado meditando durante años y estaba preocupada por no ser capaz de encontrar el espacio diferente que se requería para la canalización. Finalmente fue capaz de encontrar el espacio con facilidad. Cuando se abrió para encontrarse con su guía, «lo veía» lejos, sentado en una nube, y no sabía cómo acercarlo a ella. Dudó en hablar porque al principio no estaba segura de querer acercarlo. La nube parecía cubrirlo. No estaba segura de que su guía fuera amigable o de que éste fuera realmente su guía. Orin le dijo que imaginara la luz del sol disolviendo la nube, y le sugirió que hablara con el guía durante un rato. Muy tímidamente, en su mente, le pidió al guía que demostrara que era elevado y que tenía buena voluntad. Mantuvo un diálogo interior hasta que se convenció de que era amistoso. Entonces le dejó acercarse más y más hasta que finalmente pudo hablar a través de ella. Evidentemente, estaba muy contenta y emocionada por la conexión. Ella había comenzado a ejercer de payaso, y nos dijo varios meses después que como payaso se conecta con su guía y lo canaliza, llevando su amor y energía a los niños con los que trabaja.

183

Si ves a tu guía a lo lejos, como algunos han hecho, familiarízate con él mentalmente durante un tiempo. No te precipitas y pide tu guía que se acerque sólo cuando estés preparado.

Una escritora, que quería aprender a canalizar para terminar de escribir su libro, estaba en un profundo trance. Dijo que aunque seguía siendo consciente de los sonidos de la habitación, también era muy consciente de su guía y estaba dispuesta a transmitir su orientación; sin embargo, tenía problemas para hablar. Orin y Duane trabajaron con ella. Duane comenzó a estabilizar su energía trabajando con varios puntos de su cuerpo para ayudarla a estabilizar las ondas de energía que estaba recibiendo. Ella podría haber hecho lo mismo relajando mentalmente su cuerpo, lo que Duane le dijo que hiciera. Al percatarse de lo que estaba pasando, Orin la ayudó a que se diese cuenta de que la energía de su guía era tan poderosa que, al abrirse, se sentía abrumada. Le llegaba tanta información que se sentía sobrepasada y sólo recibía retazos de varios pensamientos que no parecían tener sentido alguno.

El guía le transmitía en forma de olas. Cuando una ola entraba, contenía tanta información que ella se sentía desbordada y no sabía por dónde empezar. Entonces la ola retrocedía y ella sentía que ha perdido la conexión. Duane y DaBen abrieron algunos de sus centros de energía para que pudiese manejar las frecuencias más altas de su guía. Orin hizo que eligiese una cadena de pensamientos y se concentrarse en ellos. Con esa concentración fue capaz de estabilizar la transmisión. Sabemos que canalizó el final de su libro, y un año después ya tiene otros tres libros en proceso. Además de escribir, está ofreciendo excelentes lecturas a la gente y se ha establecido como asesora.

Sabrás que la transmisión te llega en forma de olas si en un momento sientes como si tuvieras el mensaje y al siguiente como si lo hubieras perdido. Pídele a tu guía que estabilice la transmisión, acelerándola o ralentizándola según convenga. Concéntrate en la parte del mensaje que has recibido y empieza a canalizarlo, aunque sólo sea un fragmento. Si después de canalizar el fragmento de nuevo no recibes nada, simplemente espera la siguiente ola, y pronuncia el «trozo» del mensaje tal y como te llegue.

Un hombre, un contratista, vino a aprender a canalizar porque quería cambiar de profesión. Había querido ser orientador y estaba muy interesado en su propia formación espiritual y en ayudar a los demás. No había pasado mucho tiempo meditando, pero había leído todo lo que pudo encontrar sobre guías y temas relacionados. Al conectar con su guía, era incapaz de hablar o de moverse. Duane canalizó a DaBen para que lo asistiera, y DaBen lo encontró perdido en un mundo de colores, imágenes, sonidos y luces. Seguía flotando, casi como si estuviera en un espectáculo de luces psicodélicas. No tenía ninguna sensación de tener un guía, sino de extremo bienestar. DaBen comenzó a instruir a su guía para que se ajustase a los sistemas de energía del hombre de una manera diferente, y ayudó al guía a hacerlo tocando varios puntos. El hombre utilizaba sus ojos internos para ver en las esferas superiores, pero al no estar acostumbrado a ver en estas esferas, lo que veía lo confundía.

Duane siguió indicándole hacia dónde dirigir su atención y su guía comenzó a hacer los cambios necesarios. Llegó a un lugar donde podía ver y sentir a su guía como una realidad. Finalmente, el hombre logró una conexión directa. Su canalización fue excelente y desde entonces ha estado recibiendo buenos consejos y orientación en su vida. Un año después, mantenía su negocio de contratista a tiempo parcial, mientras dedicaba mucho tiempo a impartir lecturas y a la organización de clases de superación personal. Con la ayuda de su guía, había descubierto creencias y antiguas programaciones con las que aún cargaba acerca de no merecer abundancia. Su guía le había proporcionado procesos para liberar estos programas, los cuales utilizó. Dos años después, ha dejado su negocio por completo y ahora se dedica a un próspero negocio a tiempo completo como maestro y consultor.

Si te sientes atrapado por los colores, las luces y las sensaciones, pide mentalmente un mensaje verbal. Utiliza tu voluntad y tu mente para no desviarte. Si bien no habrá daño si te pierdes en los colores y en los sentimientos, haciéndolo retrasarás tu canalización verbal. Concéntrate en una pregunta que tu guía desee que respondas y mantén tus propias ideas sobre la pregunta en lugar de los colores.

Una mujer sofisticada e instruida vino a aprender a canalizar porque sentía que había sido guiada a hacerlo por toda una serie de acontecimientos. Dijo que hacía dos años no creía en absoluto en fenómenos como la canalización, pero que entonces estaba ansiosa por hacer la conexión. Sin embargo, le preocupaba bastante ser la única que no pudiera conectar con un guía. Cuando se le indicó a su guía que entrara, informó que no sintió nada. A través de DaBen, Duane pudo ver que su guía estaba totalmente presente en su aura. Sanaya canalizó a Orin, que hablaba con ella, ya que era evidente que estaba racionalizando el proceso y bloqueando de su capacidad de canalización. Orin es capaz de rastrear lo que la gente está experimentando y dirigirla en función de lo que les ocurra. Le hizo varias preguntas y le dijo que fingiera que estaba canalizando. Con esa sugerencia, las hermosas y sabias respuestas llegaron en un tono mucho más suave y compasivo que el de la voz que usaba normalmente. Después de cada frase, una parte de ella decía: «Eso no es realmente un guía, sólo soy yo», o «Te estás engañando a ti misma, no estás diciendo nada que valga la pena». Ella había esperado sentir un enorme cambio que la transformara. Sin embargo, físicamente no sintió nada.

Orin le hizo responder en trance a algunas preguntas personales sobre sí misma sobre cuestiones con las que había estado luchando. A través de su guía, ella dio explicaciones muy inteligentes que fueron, como ella misma admitió, más allá de lo que había concebido antes. Su compañero le hizo preguntas personales sobre gente que no conocía, y su guía dio respuestas muy acertadas y perspicaces. Aunque en el momento de la canalización sintió que podría tener un guía, cuando salió del trance volvió a dudar de que fuera real. Su mente se interponía en su camino. Su guía era tan fuerte que sólo transmitía una parte muy pequeña de sí mismo para permitir un suave ajuste a sus sistemas de energía. Su guía le dijo a Orin que tenía mucho miedo, y que si entraba con demasiada fuerza para impresionarla, había muchas posibilidades de que no quisiera conectar de nuevo. Quería errar por ser demasiado suave en lugar de demasiado fuerte.

Orin le dijo a la mujer que siguiera fingiendo que estaba canalizando y que llevara la cuenta de la información recibida. A lo largo del día, siguió canalizando para otras personas, dándoles información sobre cosas que ella no podía saber. Aunque que no paró de decir durante todo el día de que se lo estaba inventando, fue cada vez es más difícil para su intelecto racionalizar todas las lecturas precisas que estaba haciendo. Varios meses después, nos llamó para informarnos que tenía sensaciones físicas mientras canalizaba y finalmente estaba admitiendo, incluso para sí misma, que realmente conectaba con un guía. Un año más tarde, seguía informando de sus dudas, y decía que no había canalizado con tanta frecuencia como esperaba. Sin embargo, nos dijo que ocasionalmente ha conectado con su guía y realizado lecturas para otras personas que fueron asombrosamente precisas. Sigue trabajando con sus dudas, pero ahora reconoce que dudar es una parte importante de su proceso y que uno de sus principales problemas en la vida es aprender a confiar en ella misma en lugar de dudar en todos los ámbitos.

Si tienes dudas sobre si realmente estás canalizando o no, lee la sección titulada «Cómo convertir tus dudas en amigos» en el capítulo 14.

Una artista que dirigía una exitosa empresa de diseño de moda vino a aprender a canalizar para abrirse a su creatividad. Su mayor temor era perder el control o ser absorbida por el guía. Era muy independiente y de carácter fuerte, y le gustaba estar a cargo de todo en su vida. Había acudido a Orin para una lectura y Orin le había dicho que sería una buena canalizadora debido a su inteligencia, su compromiso de hacer bien las cosas y su capacidad de atención. Orin había señalado que incluso ser crítica o enjuiciar podría ayudarla, especialmente si utilizaba estas cualidades para desarrollar un nivel superior de dominio de la canalización. Señaló que su dedicación, su deseo de supervisar y controlar las cosas, su atención a los detalles y sus ganas de triunfar la ayudarían a tener éxito con su canalización.

Se esforzó por hacerlo todo de la manera «correcta» en el curso y, sin embargo, una parte de ella se contenía, preocupada porque su guía se apoderara de ella y la controlara. Tenía miedo de perder su identidad y ser «engullida» por la identidad del guía. Por consiguiente, su guía se conectaba con ella muy suavemente, sin querer amenazarla ni controlarla. Al ser tan suave, ella no fue capaz de percibir muchas sensaciones y por eso se preguntaba si él estaba realmente presente. Se encontraba ante un dilema: temía ser controlada y que su guía entrara con demasiada fuerza, y cuando no entraba con fuerza, temía que no estuviera canalizando realmente. Duane y DaBen la ayudaron a relajarse y ajustando sus sistemas energéticos para que estuvieran más abiertos. DaBen también habló con su guía, y le indicó que la asistiera en abrir su energía, lo que fue de mucha ayuda. Orin continuó hablando con su mente, que estaba bloqueando la conexión.

Orin le dijo: «Muchos de los que se convierten en excelentes canalizadores, al principio temen ceder el control. Tenerlo puede significar diferentes cosas para las distintas personas. Puede significar que hay un sentimiento interno de que estás haciendo un buen trabajo y que las cosas están progresando de una manera que te hace sentir bien. Como canalizador, te será difícil trasmitir fidedignamente los mensajes de tu guía. Has dicho que crees que tu mente se interpone en tu canalización. Debemos reconocer que tu mente es muy activa, muy aguda e inteligente. Eres hábil con las palabras y tu mente tiene la capacidad de ver y retener imágenes y símbolos internos. Debido a esto nos resulta fácil transmitirte. No queremos apoderarnos de ti ni quitarte esa parte de ti que quiere tener el control. En cambio, es importante que esta parte tenga un programa diferente para que te ayude en lugar de entorpecerte. Nos gustaría que esa parte que quiere controlarlo todo observe con mucho cuidado para ver si la transmisión de tu guía coincide con las palabras que dices. Además, necesitamos enviarte mucha más energía para controlar tus cuerdas vocales cuando estás inconsciente, por lo que preferimos que estés consciente y participes, ya que requiere mucha menos energía de nuestra parte».

Comenzó a relajarse un poco más en la sensación. Su guía continuó ayudándola a liberar los lugares donde estaba bloqueando el flujo de energía en su cuerpo. Esperaba un gran cambio y fuertes sensaciones físicas como prueba de que el guía estaba realmente presente, pero también era muy cautelosa y nunca habría permitido la entrada de un guía si se hubiera sentido controlada.

En retrospectiva, ella se dio cuenta de que había abordado muchas cosas nuevas d la misma manera, incluyendo la creación de su empresa de diseño de moda. Se dio cuenta de que su patrón era preocuparse y luchar contra el proceso, aunque los resultados finales fueran potentes y exitosos. Se esforzó por dejar de lado las dudas durante todo aquel día, por superar su decepción por el hecho de que las sensaciones no fueran fuertes y por renunciar al temor a que fueran más fuertes. Sus lecturas eran siempre buenas y la información era de gran calidad.

Varios meses después informó que había experimentado algunas canalizaciones muy exitosas en las que hubo fuertes sensaciones físicas y que aceptaba con más confianza que su guía había estado realmente presente. Su negocio comenzó a despegar en los meses siguientes. Aunque no encontró tanto tiempo para mantener la conexión como le hubiera gustado, las cosas empezaron a suceder con más facilidad y magia en su vida. Sentía que el guía transmitía directamente a su mente cada vez que lo solicitaba en muchas áreas que solían requerir un trance. Un año después, su negocio era tan exitoso que volaba con frecuencia por todo el país. Había contratado representantes de ventas y alcanzó el éxito más allá de lo que había imaginado. Nos dijo que utiliza su canalización para cosas muy prácticas, como ayudarla a determinar qué líneas se venderán mejor, si un viaje en particular será rentable y valdrá la pena y para ayudarla a descubrir nuevas cosas que explorar. Dice que, poco a poco, confía más en su guía, aunque todavía quiere asegurarse de que tiene el control de su propia vida y no depende de él. Después de recibir los consejos de su guía, los comprueba con su propia orientación interna, y sólo los sigue si se siente bien a un nivel profundo. Dice que tras la reflexión suele sentirse bien y que seguir los consejos ha dado los mejores resultados.

Una mujer cálida y cariñosa que disfrutaba criando a sus dos hijos adolescentes para que creasen sus propias realidades, llegó a conectar verbalmente con su guía. Estaba involucrada en actividades museísticas y culturales, así como en muchos otros proyectos. Había conocido a su guía años antes, al tomar una clase de desarrollo psíquico. En ese momento, se encontró escribiendo información que parecía provenir de una fuente más allá de ella misma. Entonces estaba demasiado ocupada criando a su joven familia como para dedicarse a ello, pero sintió que había llegado el momento. Cuando su guía llegó por primera vez, tuvo una fuerte sensación física de calor y luego un mareo. Duane se acercó y empezó a tranquilizarla. La hizo respirar profundamente y le indicó que siguiera abriéndose para dejar que su guía llegara. En pocos minutos pudo canalizar verbalmente. Su información era bastante buena y estaba satisfecha con la conexión verbal.

En los meses siguientes, se dio cuenta de que tenía un inexplorado interés por el «trabajo» corporal. Se inscribió en varias clases y, mientras seguía involucrada en otros proyectos, aumentó su actividad en las artes curativas. Ahora está en una intensa fase de crecimiento espiritual, aprendiendo trabajo corporal y recibiendo clases de crecimiento espiritual. Está aprendiendo todo lo que puede y quiere sacar su trabajo al mundo cuando esté preparada. Siente la presencia de su guía y el impulso creciente de seguir su camino superior.

Si te sientes mareado cuando tu guía entra por primera vez, cambia tu respiración y relájate para que fluya más energía por tu cuerpo. Algunas personas retienen la respiración o respiran de forma rápida y superficial sin darse cuenta, lo que puede provocar mareos. La canalización puede hacer que te sientas ligeramente acalorado, y si en la habitación hace demasiado calor, esto puede contribuir a los mareos. Respirar normalmente y ventilar o refrescar la habitación ayudará. En cualquier caso, la sensación rara vez dura más de unos minutos.

Otra mujer, que era tejedora y diseñadora de ropa de calidad excepcional, al conocer a su guía por primera vez informó de que sólo veía fotos, imágenes y colores. Le preocupaba que su guía pudiera no ser real porque lo percibía demasiado delicado y amable, y no parecía capaz de dar información verbal. Orin le dijo: «Tu naturaleza delicada y amable se refleja en la naturaleza de tu guía. La naturaleza de los guías superiores es elegir personas para canalizar que coincidan con sus propias energías y que estén en el mismo camino de crecimiento y luz. Tu guía refleja tu gentileza, tu suavidad y tu bondad hacia los demás. Refleja tu capacidad y tu deseo de sanar a través del color y la forma. Será muy adaptable. Además de ayudarte en tu carrera, tu guía sanará con un toque suave y una palabra amable. Sé tú misma; tienes tu propio y único camino y tu canalización se desarrollará de manera natural con el tiempo».

Tardó muchos meses en encontrar la manera de trabajar con su guía. Seguía viendo colores e imágenes más que palabras. Como se comparaba con otras personas que recibían información verbal, pensó que estaba haciendo algo mal. Comenzó a interesarse por el análisis de los colores y empezó a estudiar cómo trabajar con ellos, tanto en la ropa como en los ambientes. Se dio cuenta de que, cuando estaba en trance, podía ver los colores alrededor de la gente, y finalmente comenzó a entender que los distintos colores representaban varias cosas. Sus dibujos, símbolos e imágenes se volvieron más claros. En lugar de tratar de canalizar verbalmente, empezó a describir a la gente las imágenes que recibía. Para su asombro, las imágenes tenían sentido para otros y les ayudaban a ver simbólicamente lo que estaban viviendo. La gente era capaz de trabajar con las imágenes y crear cambios en su forma de ver las situaciones.

Todavía sigue recibiendo información en colores y símbolos, lo que le ayuda en su trabajo. Ahora aconseja a la gente sobre qué colores usar para crear ciertos estados mentales y emocionales. Hace meditaciones con colores para ayudar a la gente a sanarse, y está explorando formas de utilizar el color de manera diferente en sus tejidos. Dice que su mayor dificultad era que esperaba que su canalización adoptara una forma determinada y se manifestara de un modo concreto. Hasta que aceptó la experiencia de su guía tal y como era, éste no pudo crecer y revelarse ante ella.

Si recibes imágenes y dibujos en lugar de palabras, empieza a canalizar describiendo estos símbolos e imágenes. Los guías transmiten energía pura, y los símbolos suelen ser más fieles a lo que ellos están transmitiendo que las palabras. A medida que vayas describiendo las imágenes, establecerás un vínculo más fuerte con tu guía. Con el tiempo, lo más probable es que recibas las palabras directamente, en lugar de imágenes para descifrar.

El día llegaba a su fin y todos habían conseguido un guía y estaban bastante eufóricos, aunque un poco abrumados, por todo lo que habían aprendido y las nuevas visiones y potenciales que estaban empezando a ver. Se nos recordó una vez más que cada persona es única y que hay diversos guías y formas de recibir información. También hay muchas maneras distintas de abrirse a la canalización.

El bloqueo inicial más común es, con mucho, el miedo a que no sea el guía quien hable, sino uno mismo. A causa de este miedo, algunas personas se abstienen de comunicar lo que están recibiendo. Si ésta es tu preocupación, tu reto es dejarte llevar y hablar de lo que te llega. Una vez que empieces a hablar y las palabras comiencen a fluir, los guías empezarán a tomar el control y percibirás que los mensajes parecen cada vez menos producto de tu imaginación. Es como empujar un coche para ponerlo en marcha; una vez que lo pones en movimiento, es fácil mantenerlo así. Todo lo que necesitas para abrirte es simplemente el valor de empezar, tanto si sientes que un guía está presente como si no. A muchas personas les ha llevado incluso varios meses poder sentir a sus guías. Quienes han continuado con la práctica de la canalización, a la larga han sido capaces de sentir la diferencia entre ellos y el guía.

13 | TESTIMONIOS POSTERIORES A LA APERTURA A LA CANALIZACIÓN

Reacciones después de la apertura

SANAYA Y DUANE   No esperábamos que la vida de la gente empezara a cambiar inmediatamente, así que nos sorprendieron las historias que tenían para compartir sobre cómo se sentían y lo que les ocurrió justo después de abrirse a canalizar. Comenzamos a ver un patrón en las reacciones de la gente. Aprender a canalizar requería concentración, así como la capacidad de mantener un enfoque espiritual mayor de lo que la mayoría de la gente estaba acostumbrada. Compartimos sus respuestas para que conozcas las reacciones más habituales.

Una experiencia que la gente tiene después de abrirse a la canalización es una intensificación de sus sueños. Un abogado vino a aprender a canalizar porque sabía que tenía que haber algo más en la vida que el trabajo. En un día normal de trabajo, usaba principalmente su hemisferio izquierdo, la mente lógica. Quería utilizar la canalización para desarrollar su creatividad. Le fue bien al conectarse con su guía en el curso, pero nos dijo que esa noche apenas durmió. Sus sueños estaban llenos de ideas que le revelaban una cosa tras otra sobre qué podía hacer con su vida. Una vez que la puerta se abría, era como si todos los sueños embotellados, los talentos enterrados y los recursos empezaran a salir a la superficie. La canalización había creado la intensa conexión con su hemisferio derecho, el lado creativo que deseaba.

Para algunos, otra respuesta a la apertura a la canalización es una sensación de decepción al día siguiente, que sólo se prolonga durante unas horas o un día como máximo. Esto es similar a la sensación de decepción que la gente reporta inmediatamente después de salir del trance. No quieren volver. Una mujer que tenía una agencia de viajes regresó al día siguiente sintiéndose deprimida por su vida. Dijo que esto era inusual, ya que normalmente sus días estaban muy centrados en clientes, ventas y otras exigencias. Le encantó su canalización y estaba satisfecha con el nivel y la precisión de la información que recibía. De hecho, no quería parar, se sentía muy bien. En ese momento, nada parecía tan bueno como antes. Le pedimos a su guía nos hablara sobre su respuesta. Nos explicó que ella había estado dejando de lado muchos de sus deseos más profundos, sus verdaderas necesidades y su crecimiento espiritual para centrarse en asuntos de negocios que no eran tan placenteros o importantes para ella. Cuando conectó su mente supraconsciente con su guía, se sintió como si hubiera «vuelto a casa». En ese momento, comparándolo con otras partes de su vida éstas parecían aburridas. Era como empezar a lavar una alfombra blanca. Después de lavar una esquina, toda la alfombra, que antes parecía limpia, tenía un aspecto sucio.

Con el paso del tiempo, consiguió equilibrar su mundo exterior con su vida interior. Reconoció que ya había experimentado susurros de que lo que hacía no la satisfacía y que sus necesidades más profundas no estaban satisfechas. Siempre estaba ocupada y no se tomaba el tiempo necesario para escuchar a su yo más profundo. A medida que conectaba con su guía, empezó a hacerlo. Reestructuró su negocio, delegando algunas de las responsabilidades a un gerente que había contratado. Empezó a tomarse tiempo libre y se dedicó a pintar como *hobby*. Después de un tiempo, nos informó que muchas veces el guía parecía llegar directamente a su mente. Sigue canalizando y conectando con su guía de manera más formal para obtener información en nuevas áreas, y entra en trance cuando canaliza para otros. Nos dijo que está menos preocupada por el futuro y permite que las cosas que necesita simplemente le lleguen.

Otro tipo de respuesta, también de naturaleza emocional, es la sensación de mayor paz y satisfacción. Una mujer, que había discutido con su marido porque no se sentía apoyada, experimentó una liberación al día siguiente de abrirse a la canalización de cualquier necesidad de defenderse o de demostrarle cosas. Comenzó a dejar de lado su sensación de abandono y perdonó todos los males que había imaginado. En lugar de reprocharle a su marido que no le hablara o no la entendiera, sintió compasión por su vida y por todo lo que estaba pasando. Comenzó a reconocer o a apreciar las pequeñas cosas que hacía por ella y que había dado por sentado. En pocas semanas, tuvieron su primera comunicación sincera y cercana en años. Cuando supimos de ella meses después, estaba emocionada porque su relación había mejorado tanto que se sentía como si estuviera viviendo con un hombre nuevo.

Algunas personas informaron de que se sentían cansadas o fatigadas, incapaces de pensar con claridad durante el día siguiente. Era como si fueran corredores que hubieran corrido demasiado. Sus «músculos» mentales y espirituales estaban cansados al día siguiente y necesitaban descansar. La canalización requiere concentración y conciencia. La mayoría de la gente no está acostumbrada a utilizar su mente de esta manera durante largos períodos de tiempo. La sensación de aturdimiento suele aliviarse descansando o relajándose, caminando al aire libre, dibujando, escuchando música o dándose un baño caliente. A algunos les ayuda estar muy activos físicamente. Esta fatiga es una reacción temporal. A medida que la gente sigue canalizando, declaran sentirse más lúcidos que antes.

Otras personas se sintieron tremendamente energizadas después de la canalización. Algunos dijeron que al día siguiente querían limpiar su casa y hacer cosas que habían pospuesto durante meses. Era como si la vida hubiera adquirido de repente un brillo adicional. Algunas personas dijeron que querían tirar ropa y otras posesiones que ya no parecían encajar en su vida. Con el cambio de vibración que tiene lugar cuando empiezas a canalizar, las cosas que representaban a tu antiguo yo pueden empezar a salir de tu vida. Algunas personas, a los pocos días se compraron ropa de estilos o colores diferentes de los que habían usado antes. Querían llevar cosas que les hicieran sentir más vivos. Su antigua ropa ya no representaba lo que eran.

Otra respuesta es que las cosas que la gente había dado por sentadas de repente parecían diferentes, inusuales o extrañas. Era como si estuvieran viendo el mundo por primera vez o paseando por un sueño. Una pareja, que asistieron juntos al curso, dijo que cuando salieron a cenar, la comida sabía completamente diferente. Se pasearon por algunas de las tiendas de la zona. Las cosas que vieron parecían irreales; los colores eran excepcionalmente vivos y la gente parecía rara. Los sentimientos normales volvieron varios días después. Dijeron que se lo habían pasado tan bien que habrían disfrutado permaneciendo en ese estado de conciencia elevado durante mucho más tiempo.

Después de la canalización, la gente empezó a observar y prestar atención a su entorno, en lugar de andar preocupados la mayor parte del tiempo. Otros habían ido a fiestas o eventos sociales durante los días siguientes, y se encontraron con que veían a la gente de forma totalmente nueva. Las conversaciones sin sentido se volvieron aún más insignificantes y aburridas; mientras que otras personas en las que antes no se habían fijado se volvieron interesantes. Era como si vieran a las personas a nivel de alma y no personal.

Otra respuesta común que la gente tiene después de abrirse a canalizar es que se preguntan si realmente han estado canalizando o no. (Hemos dedicado parte del capítulo 14 a esta cuestión). Una mujer elegante y atlética con tres hijos que había canalizado bien y tenía una buena conexión con su guía se vio abrumada al día siguiente con dudas sobre la realidad de su experiencia. No paraba de preguntar a su guía si era real. Mientras conducía con un niño dormido en la parte delantera y otro jugando tranquilamente en la parte trasera, sintió un cosquilleo en todo el cuerpo que le hablaba desde dentro de su cabeza, comentándole su futuro y cosas que ella no podía saber y que luego se hicieron realidad. Volvió a contarnos que la experiencia fue tan sorprendente que ya no dudaba de que su guía era real. Un mundo nuevo se había abierto para ella.

Otros efectos pueden producirse al día siguiente o salir a la superficie después de algún tiempo. Algunas personas no notaron ningún cambio al día siguiente o ni siguiera durante las semanas siguientes; sin embargo, cuando miraron hacia atrás, casi siempre eran capaces de recordar acontecimientos que se salían de lo normal. Una mujer nos dijo que había estado planeando un viaje al desierto con una amiga, pero decidió ir a las montañas Rocosas en su lugar. Tenía previsto llamar a su amiga para preguntarle si estaba dispuesta a cambiar de planes cuando su amiga llamó para decir que quería ir a las montañas Rocosas en vez de viajar al desierto.

Muchas personas empezaron a tener noticias de viejos amigos y a resolver antiguas disputas y discusiones que habían tenido con ellos. Las cosas que los retenían a nivel energético empezaron a salir para limpiarse y liberarse. Una mujer informó que cuando regresó a casa después de aprender a canalizar, recibió la llamada de una amiga de la que no había tenido noticias en seis años. La amiga había cortado bruscamente su relación después de un desacuerdo y había rechazado cualquier propuesta de paz. La amiga llamó la noche del curso para disculparse y explorar la posibilidad de sanar y perdonar las heridas del pasado.

A veces se producen cambios físicos, como un pequeño dolor en los hombros, el cuello y la parte superior de la espalda, que son respuestas a la apertura del canal. A nivel físico, una de las razones de ese dolor es que estás acostumbrado a una posición concreta, y cuando canalizas tu guía, a menudo adoptas una posición distinta. Los músculos no están acostumbrados a este nuevo patrón y a veces dolerán. Pide a tu guía que te ayude a relajarte y recuerda ajustar tu postura para estar cómodo. A nivel energético, la razón de ese dolor suele ser una restricción del flujo. Los guías suelen entrar por la zona del cuello y los hombros. A medida que tu guía introduce una energía más elevada en tu cuerpo, algunas zonas pueden no ser capaces de transportar el flujo mayor. Imagina una manguera diseñada para soportar eficazmente un número fijo de litros de agua por minuto. De repente, aumentas el volumen de agua que fluye por ella; la manguera ya no puede soportar el flujo de agua. Puede hincharse en algunos lugares y se retorcerse en otros. Si tu guía te está enviando más energía de aquella a la que estás acostumbrado, es fácil abrirse a este a este flujo adicional. Imagina que tu energía se abre y pide a tu guía que te ayude. Lo más probable es que cualquier molestia desaparezca en unos minutos.

Algunas personas han notado bajadas de energía, sentimientos de tristeza o de sensibilidad emocional al salir del trance. Orin y DaBen explicaron que se trata de efectos secundarios de la elevada sensación de bienestar, la apertura del corazón y la conexión con el universo, que contrasta con la conciencia ordinaria de la gente. Muchas personas van por ahí en un estado de consciencia que llaman «normal». Creen que es la sensación más elevada que pueden tener. Entonces, cuando experimentan la realidad superior de su guía, se dan cuenta de que hay todo un nuevo mundo de alegría y expansión disponible para ellos. El contraste es sorprendente.

Hemos observado que, a medida que las personas siguen canalizando, creciendo y realizando cambios en su vida y su actitud, la distancia entre los dos estados disminuye y la gente comienza a sentirse constantemente más feliz y satisfecha. Entonces ya no tienen una disminución de la energía ni sienten tristeza al volver del trance.

Otra razón por la que la energía disminuye puede ser el exceso de canalización. Se necesita tiempo para llegar a períodos prolongados de canalización. Un corredor no saldría a correr una maratón sin incrementar su resistencia. Los signos de una canalización excesiva son cansancio después del trance, sensación de inquietud, ansiedad o sensación de estar conectado, como si tuvieras demasiada energía corriendo por tu cuerpo. Si éste fuera el caso, también puedes hacer ejercicio o actividades físicas que no requieran una concentración intensa; esto te ayudarán a liberar el exceso de energía.

Una y otra vez la gente acude con historias de milagros menores, si es que algún milagro es menor. Un préstamo atrasado desde hace mucho tiempo es devuelto. Una casa que había estado en el mercado durante un año fue de repente vendida. Se encontró un objeto de valor que se había perdido. Algunas personas querían explicar estas historias como meras coincidencias, pero a medida que estas «coincidencias» se daban, se iban convenciendo de la presencia y protección de sus guías.

SANAYA Cuando empecé a canalizar a Orin, sólo podía mantener su energía durante unos veinte o treinta minutos cada vez. Un año más tarde pude mantener su energía hasta una hora. Poco a poco, fui capaz de canalizar durante períodos más largos de tiempo, y después de mucha práctica, hasta horas seguidas con algunos descansos. Puede que a ti te resulte más fácil y rápido llegar a sesiones de canalización más largas, así que sigue tu propio ritmo.

DUANE Al principio descubrí que con mi trabajo corporal podía mantener el trance y concentrarme durante una hora. Con el paso del tiempo, descubrí que podía hacerlo entre tres y cuatro horas estando completamente concentrado y trabajando en la energía y el cuerpo de una persona y que era incluso estimulante.

SANAYA Y DUANE La mayoría de la gente empieza conectando con sus con sus guías y siguen mejorando y fortaleciendo la conexión cada vez que canalizan. Si te mantienes alerta, descubrirás mucha riqueza en tu proceso.

Una mujer, una brillante doctora, había venido a aprender a canalizar para encontrar aún más formas de sanar y ayudar a la gente. Había tenido muchas aperturas personales, quería expandirse en todas las formas posibles y la canalización parecía ser el siguiente paso lógico para ella. Creía que la medicina tradicional trataba los síntomas y no las causas. Esperaba que a través de su guía fuera capaz de ver las causas de las enfermedades, ya fueran mentales, emocionales, espirituales o físicas. Aunque hacía poco que conocía este tipo de ideas, aprendió rápidamente y abrazó todo lo que hacía con tremendo entusiasmo. Desde el momento en que llamó a su guía, se puso en marcha. Su guía era elocuente y dio hermosas respuestas a las preguntas que ella y los demás le hicieron.

Venía de otra ciudad, y cuando volvió a su casa se sintió algo perdida. No conocía a nadie que respaldase ni que tan siquiera creyera en la canalización. Tenía muchas dudas y se preguntaba si iba a perder su fuerte conexión inicial. Le resultaba difícil canalizar y estuvo a punto de dejar de hacerlo por completo. Sin embargo, leyó todo lo que podía encontrar sobre temas metafísicos de interés. Se preguntó si había defraudado a su guía de alguna manera y llamó a Orin para preguntarle si debía usar su fuerza de voluntad para canalizar todos los días. Orin le dijo que tenía que ampliar sus conceptos para ser una mejor canalizadora para su guía, y que lo que estaba haciendo era exactamente lo correcto para desarrollar su canalización. Le dijo que continuara leyendo, ya que su guía quería que ampliara sus conocimientos, y su deseo de canalizar volvería. Unos meses después, cogió un avión para asistir al taller de canalización avanzada que Orin y DaBen nos animaron a impartir para que la gente pudiera ampliar y fortalecer sus conexiones iniciales con sus guías. Ella pudo conectarse mucho más firmemente con su guía y Orin le aconsejó que canalizara durante cinco minutos al día porque en este momento de su desarrollo de la canalización, una conexión regular la beneficiaría enormemente.

Llamó unos meses después para decir que cinco minutos al día se habían convertido en una conexión fuerte y regular de media hora. Canalizaba mucha información sobre medicina y empezaba a entender el cuerpo humano y sus sistemas energéticos de una forma nueva. También dijo que estaba conociendo a gente interesada en canalizar y que había impartido varias canalizaciones de grupo.

Pasó un año preguntándose cómo podría utilizar este conocimiento superior. Entonces descubrió la homeopatía y se produjo otro cambio en su forma de pensar. Vio que tratar los síntomas físicos de las personas no era más que una pequeña parte del panorama general. Se dio cuenta de que los síntomas físicos indican que existe un trastorno energético, y tratarlos a nivel energético evita que se conviertan en una secuencia de problemas físicos. A medida que cambiaba su práctica para incluir estos enfoques, toda su vida experimentó importantes cambios. Lo último que supimos es que estaba firmemente conectada a su guía y que ofrecía homeopatía a aquellos que estaban abiertos a la medicina alternativa. Ha estado canalizando información notable sobre la curación y la salud, y esperamos tener más noticias de ella conforme continúe por este camino.

Tecu: Guía de Sanaya desde otra dimensión

SANAYA Al final del primer año, habíamos enseñado a más de cien personas a canalizar. Durante ese año, Duane y yo descubrimos que necesitábamos dejar la ciudad periódicamente para ir a lugares tranquilos al aire libre para trabajar en nuestra propia energía y aumentar nuestra conexión con las esferas superiores.

Esa primavera hicimos un viaje a Maui y pasamos la mayor parte del tiempo allí trabajando con la energía y la canalización. Duane descubrió todo un nuevo mundo submarino a través del buceo. Esto alteró su consciencia durante horas y lo dejó con una sensación de plenitud. Habiendo crecido en el Medio Oeste, no había tenido mucha experiencia con el océano, así que aprender a surfear a través de las olas y a bucear por mi cuenta fue un gran paso. Me encantaba el snorkel, y era divertido ver a Duane desaparecer en las profundidades del océano.

Generalmente canalizábamos cada mañana durante un rato, y también pasamos varios días completos canalizando. Parecía que la energía especial de Maui, con Haleakala, una hermosa montaña volcánica de 3000 metros de altura, impulsó nuestra energía más que nunca. Orin y DaBen nos dijeron que contenía «puntos de poder», puertas entre nuestra realidad y otras dimensiones. Recorrimos toda la isla, sintiendo la energía en diferentes lugares y canalizando para ver si nuestra conexión con nuestros guías cambiaba con los diferentes lugares, condiciones climáticas, altitudes y entornos.

Tuve una gran experiencia al final de nuestra estancia, cuando otro guía, Tecu (pronunciado Tei-cu), se dio a conocer. Tecu había venido a mí una vez antes, cuando yo estaba en un viaje de tres semanas a Kauai con mi novia. En aquella ocasión, había venido todas las mañanas para dictarme un libro sobre cómo sanarse a sí mismo y a los demás y hablaba de las leyes universales de la energía. Orin había fomentado la conexión, diciéndome que Tecu era un ser muy elevado y que estaban trabajando juntos. Yo había transcrito el libro, y contenía información muy útil. Desde aquel viaje a Kauai, Tecu no había vuelto.

Tecu se identificó como un señor del tiempo desde los portales del mundo de la esencia donde se crea toda la materia. Habló de otros universos y de los mundos de la forma y la materia. Duane y yo encontramos su información fascinante. Tecu era bastante divertido. Dijo que era de un lugar diferente al de Orin, ni más alto ni más bajo. Dijo que las partes de nuestro mundo que están cerca de los volcanes le facilitaban el paso para venir en este momento. Habló de su mundo, que entraba y salía de la sincronización con el plano terrestre. Nos dijo que su conexión dependía de que estuviéramos en ciertos lugares a ciertas horas. Explicó que sería difícil atraerlo cuando yo quisiera, porque él existía en un universo con una frecuencia muy diferente que sólo se «conectaba» con la nuestra de vez en cuando y sólo en determinados lugares.

La experiencia me pareció fascinante. Aprendí que en el mundo de Tecu la energía era simétrica. Para él, el cuerpo humano era un desafío curioso y se deleitaba viéndome caminar. Se preguntaba cómo me las arreglaba para equilibrar el vehículo asimétrico que era mi cuerpo. Cada vez que él intentaba caminar, yo casi me caía, hasta que al fin se adaptó a la gravedad y al equilibrio. La primera vez que llegó a través de mí un año antes, tuve la sensación de que hacía un inventario de mi cuerpo y suspiraba, «Bueno, no está en gran forma, pero servirá». Desde la última vez que lo había atraído, había cambiado mis hábitos alimentarios y me había puesto en mejor forma física, y la conexión me pareció más fuerte.

Cuando Tecu observó cómo comíamos Duane y yo, se sorprendió de nuestro sistema de alimentación. Al principio parecía perplejo, y luego divertido. «Ahora lo entiendo –dijo–. La alimentación es la raíz de tus problemas. Primero tienes que comer. Luego, necesitas platos. Luego hay que construir una casa para contener la vajilla. Luego tienes que ir a trabajar para pagar la casa. Todo porque tienes que comer». Añadió que en su sistema simplemente absorbían energía cuando la necesitaban y que eso hacía la vida mucho más fácil. Su sentido del humor era tan encantador que nos hacía rodar por el suelo de la risa. Su forma de ver el mundo nos hizo reexaminar algunas de nuestras premisas y suposiciones básicas, todo ello de forma cariñosa. Un día, vino para darnos información adicional sobre los cambios en la tierra que estaba observando y nos alentó a seguir enseñando a la gente a canalizar, porque eso les ayudaría a ajustarse a la frecuencia y los cambios vibracionales que estaban ocurriendo en la tierra.

Ha vuelto varias veces desde que dejamos Maui, siempre de forma inesperada, normalmente para contarnos más sobre lo que ocurre en el universo y darnos consejos prácticos sobre cómo utilizar las energías para crecer y crear nuestro propósito superior.

Nuestra visita al monte Shasta

SANAYA   Duane y yo nos tomamos unas vacaciones en agosto y fuimos a un hermoso pueblo del norte de California, Mt. Shasta City, al pie del monte Shasta, para trabajar en este libro, explorar puntos de energía y conectar con nuestros guías con más fuerza. El monte Shasta es el legendario hogar de los lemurianos y de los maestros ascendidos de la Hermandad Blanca, que supuestamente viven en la montaña. Mucha gente ha viajado a la montaña con la esperanza de encontrarse con los grandes maestros, de los que se rumorea que sólo se aparecen a los que están espiritualmente preparados. Nos alojamos en una acogedora casa escondida entre los árboles, donde pudimos escribir y disfrutar de la paz y la tranquilidad. Pasamos unos días de acampada al aire libre en lo alto de la montaña, canalizando, haciendo senderismo y corriendo. Duane se estaba poniendo en forma para escalar la cima, de más de 4000 metros, lo que requería una gran habilidad para subir. Nunca conocimos a estos seres especiales, pero lo pasamos muy bien con Orin y DaBen. El poder de la montaña es tal que ambos sentimos una mayor conexión con nuestros guías y una mayor capacidad ascender.

Duane estaba deseando subir. El tiempo fue muy bueno. Partiendo de un campamento base a casi 3000 metros, hizo el ascenso de seis horas hasta la cima. Desde allí podía ver la costa por un lado y la sierra por el otro, cada una de ellas a cientos de kilómetros de distancia. Comenzó a canalizar a DaBen. De vuelta a la casa, de repente sentí que una tremenda oleada de energía me atravesaba. Dejé lo que estaba haciendo y cerré los ojos. Sentí como si como si yo también estuviera sentada en la cima de la montaña y pudiera disfrutar del paisaje. No sabía cuándo llegaría Duane a la cima, pero más tarde, cuando comparamos los tiempos, mi sensación de conciencia y de ser transportada a la cima de la montaña ocurrieron exactamente en el mismo momento en que él canalizó a DaBen.

La vista que describí y el lugar que vi era exactamente lo que Duane estaba viendo desde arriba. Hemos descubierto que a través de la canalización tenemos un vínculo telepático mucho más estrecho. Tenemos experiencias cada vez más frecuentes en las que estamos intuitivamente vinculados y somos conscientes el uno del otro, incluso a kilómetros de distancia. Muchas otras personas que canalizan juntas nos han contado experiencias similares.

SECCIÓN IV

EL DESARROLLO DE TU CANALIZACIÓN

14 | LA CANALIZACIÓN: UN GRAN DESPERTAR

La canalización: Un camino acelerado de crecimiento espiritual

SANAYA Y DUANE Después de conocer a sus guías, la gente tenía tantas experiencias de expansión que quería reunirse regularmente para compartir y explorar su maravillosa aventura. Comenzamos a reunirnos una vez al mes para ofrecerles oportunidades para continuar desarrollando su canalización y para que Orin y DaBen respondieran a sus preguntas. A partir de sus experiencias y las respuestas y la información que Orin y DaBen les dieron, aprendimos mucho sobre el desarrollo de la canalización y cómo afectaba a la vida de las personas.

ORIN Y DABEN Una vez que haya canalizado a un guía de nivel superior, o conectes con tu yo álmico, estarás en un camino de crecimiento acelerado. La apertura a la canalización crea un mayor vínculo entre el supraconsciente y el yo ordinario. Esta apertura crea o acelera el despertar espiritual. Tus guías podrán asistirte en este despertar. Te ayudarán a experimentar más alegría, más confianza y más conciencia de quién eres. Cuando trabajes con tus guías, notarás cambios en tu vida. Los cambios pueden no ser drásticos, pero a lo largo de un período de meses o años te conocerás a ti mismo de formas totalmente nuevas.

*A menudo, después de abrirse a la canalización
la gente siente entusiasmo por su vida
y la iluminación interior.*

Hay una intensa energía, que es característica de cualquier nuevo comienzo. Es un momento de entusiasmo, discernimiento, autorrealización y deseo de cambiar. Nos dicen que después de la apertura sienten un tremendo amor por todos los que los rodean. Sienten plenitud y unidad con el universo, que pueden hacer cualquier cosa. Todo en su vida adquiere un aura especial. Es muy parecido al primer arrebato de amor. Se sienten como si estuvieran en las nubes. Están atrapados en una forma totalmente nueva de percibirse a sí mismos y a su mundo.

Este período dura más o menos tiempo. Al igual que la marea, hay un flujo y un reflujo después de la apertura; es el momento de que la realidad normal se actualice. Es posible que tengas que cambiar el trabajo o las relaciones que tienes. Puede que haya asuntos personales sobre los que debas actuar y que tengas que resolver. Este proceso de actualización y el día a día pueden parecer un bajón de energía. Has de saber que el proceso de creación de formas externas en tu vida para que se correspondan con tu nuevo nivel interno de luz puede no ser siempre emocionante. Es posible que te provoque cierta incomodidad. Pero cambiar lo que necesites en el mundo real fortalecerá en última instancia tu canalización y tu conexión. La emoción volverá aumentada.

Hay ciclos para el despertar espiritual, como las olas del océano que van y vienen. Algunas olas pueden ser enormes y durar mucho tiempo. Otras pueden ser más pequeñas y llegar más a menudo. Después de la primera etapa de entusiasmo, la siguiente suele ser de integración: los conocimientos empiezan a llegar a niveles más profundos y se funden con el resto de tu ser. Las personas que abrazaron la canalización con mucha energía al principio pueden llegar a canalizar menos. Cuando ya se han conectado en ciertas áreas, puede que necesiten integrar esta nueva apertura en todas las áreas de su vida antes de conectarse de nuevo con sus guías y elevarse aún más. Pueden dedicar su energía a alinear sus actividades diarias con sus visiones más elevadas, centrándose en hacer que su vida funcione mejor. No pasa nada si después de un tiempo no canalizas tan a menudo como al principio. Éste puede ser un momento de cambios profundos para ti, y a veces también habrá cambios externos. Es una época en la que las cosas suceden de adentro hacia afuera, más que de afuera hacia adentro. Estás integrando una vibración más elevada en todos los niveles de tu vida. A veces, cuando te esfuerzas, cuando estás intentando encontrar una respuesta a algo, da la impresión de que hasta que no te dedicas a otras tareas, la respuesta no aparece. Es como si tu mente hubiera estado trabajando en la pregunta de forma interna mientras hacías otras cosas. Lo mismo ocurre con la canalización: puedes tomarte un descanso y posteriormente volverás a encontrar la conexión mejor que nunca.

Casi siempre hay una etapa después de la apertura inicial en la que la marea está baja. Estás reexaminando y cuestionando tu vida, integrando tu nueva sabiduría; tal vez ni siquiera estés canalizando. Ten la seguridad de que ésta es sólo una fase «temporal». Cuando estés preparado para abrirte a canalizar aún más, seguramente tendrás una conexión más profunda, más clara y más fuerte con tu guía.

La canalización te proporcionará las herramientas
para encontrar tus propias respuestas.

Algunas personas tienen expectativas que la canalización no siempre cumple. Inicialmente, hay quienes piensan que la canalización los conectará con un ser sabio que resolverá todos sus problemas sin que ellos tengan que hacer nada y sin que intenten cambiar nada. Sin embargo, se encuentran con que aún tienen que aprender sus propias enseñanzas; siguen siendo responsables de evolucionar y de lidiar con su propia vida. Una vez que aceptan que sus guías no van a resolver todos sus problemas, sino que les van a dar las herramientas que necesitan para resolverlo ellos mismos, se adaptan bastante bien. Canalizar no va a despojarte de tu aprendizaje ni de las oportunidades de crecer. Lo que hace es permitirte ver con más claridad para que puedas realizar acciones más apropiadas y lograr las cosas con alegría y facilidad en lugar de luchando.

A medida que la emoción inicial disminuye, muchos de los problemas de tu vida que ignorabas –como el trabajo que querías dejar o las relaciones que no te nutrían– se vuelven intolerables y de repente parecen exigir que se actúe. La canalización te orienta hacia dirección de tu vitalidad y crecimiento. Cualquier cosa que interfiera con ellos se hará dolorosamente evidente. Es probable que tengas una imagen más clara de cómo quieres que sean las cosas porque habrás visto tu vida desde una perspectiva más elevada y sabrás lo que es posible. Cada vez se hace más difícil negar tu capacidad de crear una vida mejor, aunque no entiendas inmediatamente cómo hacerlo. Es probable que sea difícil si has estado reprimiendo tus sentimientos y has vivido una vida inadecuada para ti. Es posible que tus conflictos salgan a la superficie, donde puedes verlos. Recuerda que a medida que se hacen visibles, obtienes los medios para resolverlos. A veces resurgen viejos problemas y, debido a tu nuevo nivel de iluminación, puedes resolverlos de forma más completa o dejados de lado.

Al principio, cuando surgen estos problemas, puedes verte tentado a negar la validez o la realidad de tus perspectivas y experiencias de canalización. Hemos visto que las dudas, las resistencias y las críticas se intensifican en esta etapa. Una parte de ti puede querer volver a la vieja y cómoda, o al menos familiar, realidad. Sin embargo, como has estado expuesto a nuevas visiones de ti mismo, es casi imposible volver atrás y aceptar las cosas que no han funcionado en tu vida.

A veces la gente tiende a ser dura consigo misma, incluso autodespreciativa, por no haber pasado antes a la acción y haber estado a la altura de sus nuevas visiones. Sé amable contigo mismo. Todo llega a su debido tiempo. Durante esta etapa, la gente a veces se dice a sí misma que no tiene fuerza de voluntad. Sienten que deberían hacer algo más con su vida. Pueden sentirse indecisos. Al haber experimentado las esferas superiores, a veces se sienten incompetentes o hipersensibles al dolor o a la negatividad. Recuerda que éste es un período intenso de autoexamen. Tu personalidad puede estar comparando su nueva realidad potencial con la que estás viviendo y encontrar grandes vacíos.

Algunos creen que todo debería ser diferente después de la canalización. Que deberían ser capaces de hacer cualquier cosa sin tener en consideración su situación actual ni sus habilidades, fortalezas o debilidades. Pero descubren que todavía tienen que lidiar con sus realidades actuales. Otros tienen tanta energía que atraen demasiadas cosas a su vida a la vez. Hacen muchos planes, emprenden nuevos proyectos, se involucran en muchas cosas. Más tarde descubren que sólo disponen de cierta cantidad de tiempo y energía, y que es necesario concentrarse en lugar de dispersarla.

Hemos visto estos problemas en casi todos los que están en un camino espiritual en mayor o menor medida. No son exclusivos de la canalización. Ocurren en todos los que se abren a la realidad supraconsciente y salen de su personalidad para conectarse con las esferas superiores.

La canalización te ayudará a realizar los cambios
de vida que has estado deseando hacer.

Después de esta etapa suele llegar una explosión de creatividad e inspiración. Es una etapa de hacer, de completar, de terminar y de manifestar todo lo que has deseado. A menudo puede comenzar con la eliminación de las cosas que te han impedido sentirte alegre. Es posible que hayas pasado por un período de desprendimiento. Aunque a veces todavía tengas cambios de humor y vaciles entre sentirte bien y confiado o inseguro, por lo general te sentirás muy vivo y que controlas tu vida. Ésta es la etapa en la que empiezas a desarrollar la confianza en tu guía interior y dejas de confiar en la autoridad de los demás. No se consigue de la noche a la mañana, pero a medida que pases por esta etapa te encontrarás fuerte en muchos aspectos nuevos. Es como una mudanza: los muebles viejos se empaquetan y se almacenan y los nuevos llegan. Puede haber confusión cuando lo viejo se va y lo nuevo llega. Pero después, cuando todo está en su sitio, ¡qué bien se siente uno!

Cómo convertir tus dudas en amigos

ORIN Y DABEN   Las dudas sobre la realidad de la canalización son frecuentes. Preguntas como «¿Estoy realmente haciéndolo» y

«¿Hay un guía presente o es sólo mi imaginación?» se plantean cuando te abres por primera vez. En general, las dudas son recursos de protección de los programas que has heredado de tus padres y de la sociedad para ayudarte a seleccionar la información que recibes. A menudo te han dicho que tengas cuidado, que prestes atención y que seas exigente. Las dudas pueden ser tus amigos al impedirte que te vuelvas loco hasta que hayas explorado algo lo suficiente como para saber si tiene o no valor y si es seguro para ti.

Cuando alcanzas la etapa de tu despertar espiritual en la que te encuentras con dudas, hay muchas formas de manejarlas. Te ayudará a lidiar ellas si entiendes por qué surgen después de abrirte a la canalización. A medida que el yo superior se activa, los seres inferiores también se activan. Nosotros utilizamos el término «inferior» para referirnos a las partes de ti que aún no sienten sus conexiones con la inteligencia creativa superior del universo, las partes de ti que no se sienten muy nutridas o amadas.

Imagina que tu personalidad se compone de muchas partes: una parte sabia, una parte que duda, una parte confiada, una parte jovial, un yo al que le gusta ser la autoridad, un yo al que le gusta que le digan lo que hay que hacer. Se mantiene un delicado equilibrio entre todas tus diferentes partes. Unas compensan a las otras. La que quiere soltarse y jugar todo el tiempo está equilibrada por la que quiere ser conservadora, trabajar duro, etc.

Hay una parte de ti que quiere crecer rápidamente y una de que ama la estabilidad y no quiere que nada cambie. Cuando canalizas, la parte de ti que desea crecer rápidamente se potencia. Como resultado, alteras el equilibrio entre esta parte y la parte amante de la seguridad que te ha mantenido anclado y estable. Este yo seguro te ha cuidado, asumiendo que si la parte de crecimiento tiene demasiado poder, puede dejar que las cosas se descontrolen y que haya cambios demasiado rápido. Esta parte protectora puede intentar sabotear tus esfuerzos por elevarte creando cierta resistencia. Tiene muchos recursos para frenarte, como la sensación de cansancio, la duda o la impaciencia.

Tus dudas intentan ayudarte.

A veces, tus dudas intervienen para hundirte, impidiéndote hacer la conexión de canalización tan a menudo como podrías hacerlo, dando a tu personalidad tiempo para ajustarse, integrarse y ponerse al día con todos los cambios que estás haciendo en tu vida. Creces al ritmo que es apropiado para ti. A veces quieres crecer más rápido de lo que te conviene y atraes demasiada luz de golpe. Has visto los efectos físicos de un exceso de luz cuando te has tumbado al sol durante horas sin la protección adecuada y te has quemado. Lo mejor es acostumbrarse a la luz gradualmente y dar tiempo a todas tus partes para que se adapten. Cuando canalizas, estás atrayendo más luz a tu vida. Puede ser un proceso sutil y seguro. A veces tus dudas pueden actuar como interruptores que evitan que tus circuitos se saturen. Si estás canalizando demasiado y no estás escuchando ningún mensaje que te haga reducir la velocidad, tus dudas pueden aparecer para que frenes.

Hay otras dos «personalidades» dentro de ti que pueden ver su equilibrio alterado por la canalización. Una cree en guías y te ha ayudado a canalizar. Esta personalidad está dispuesta a viajar más allá de la realidad tal y como la conoces. Tienes otra personalidad que dice, «Creo en lo que puedo ver, tocar, sentir, saborear y oír, y en nada más». Esta personalidad muéstrame-lo-que-es-real se activa en el proceso de canalización. Quiere pruebas de que los guías son reales y puede crear un conflicto dentro de ti, haciendo que dudes de que la canalización y los guías sean reales. Este conflicto puede ocurrir si estás atrayendo información que desafía lo que crees o expande tu imaginación, o incluso aunque sea una orientación sencilla y práctica.

Pides a tus guías que te proporcionen información asombrosa que te convenza de que has contactado con un reino superior. Cuando te la damos, te preguntas si te la has inventado. Cuando te damos un consejo ordinario y sencillo, piensas: «Lo he leído en alguna parte, ya lo sabía». Es difícil convencerte de nuestra realidad, porque tu mente racional puede explicar cualquier cosa que te digamos como algo que ya sabías. Ten la seguridad de que nosotros estamos al tanto de lo que vives. No nos ofende que te preguntes si somos reales. Simplemente te enviamos amor y compasión. Si pudieras experimentar sólo una fracción de nuestro amor, sabrías que te ayudamos en todo lo posible y que no te juzgamos ni te culpamos.

Una de las razones por las que dudas de tu canalización es que puedes estar dudando de ti mismo. Si no estás acostumbrado a confiar en tus mensajes internos, entonces puede que te sea difícil confiar en tu canalización, ya que ambos provienen del interior. Una de las mejores maneras de trabajar con la duda es recordar todas las veces en las que creíste en tus mensajes internos, los seguiste y las cosas salieron bien. Si te asaltan las dudas, sigue practicando. Obtendrás pequeñas confirmaciones de que realmente estás canalizando a medida que continúes. Si no sientes energía en torno a la canalización y no te sientes bien canalizando ese día o esa semana, entonces honra ese sentimiento profundo, pues probablemente esté tratando de protegerte de que te abras demasiado rápido.

Para lidiar con estos conflictos internos entre tus diversas «subpersonalidades», puede que hagas algunas de las cosas que hacías antes y que calificabas de «no elevadas», pero que te parecían relajantes. Durante este período, la gente se enfrenta a su resistencia de varias maneras. Algunos ven la televisión, se abstraen y no hacen las cosas. Pueden rebelarse de varias maneras, como dejar de hacer ejercicio, comer en exceso o mal o hacer otras cosas para aferrarse a una realidad antigua y familiar. Pueden sentirse como si hubieran ido hacia atrás. Hay muchas maneras de neutralizar temporalmente tu conciencia en expansión. Algunos de vosotros quizá necesitéis dormir más. Otros querréis hacer cualquier otra cosa que no sea canalizar o trabajar en vuestro crecimiento durante un tiempo. No te preocupes si los viejos patrones parecen reaparecer. Tu personalidad amante de la seguridad, no-puedo-cambiar, está tratando de reafirmar el viejo equilibrio. Simplemente observa los antiguos patrones durante un tiempo antes de hacer nada para cambiarlos. Recuerda, éstas son respuestas frecuentes a la apertura a mayores niveles de luz a través de cualquier proceso, no sólo la canalización.

Si dudas de que realmente estés canalizando, ofrece a tus dudas un nuevo papel. Pídele a la parte de ti que duda que observe tu canalización para asegurarse de que estás transmitiendo los mensajes con precisión y que estás recibiendo una orientación elevada. Pregúntate a ti mismo si puedes o no utilizar la información que estás transmitiendo. Lo más importante para manejar las dudas es no dejar que te quiten la alegría.

Podrías dar un nombre a la parte de ti que se resiste, duda o se siente amenazada por los cambios que estás haciendo. Empieza a hablar con ella. Pregúntale qué cosas buenas está tratando de hacer por ti. Descubrirás que a menudo intenta mantenerte en contacto con tu visión anterior de la realidad. Le preocupa que seas eficaz en el mundo «real». No es conveniente desactivar esta subpersonalidad. Por el contrario, debes mostrarle una visión nueva y más elevada de lo que estás llegando a ser, y pedirle que te ayude a conseguirlo. Dile que te ayude a utilizar la canalización para lograr cosas prácticas de forma más sencilla.

Utiliza tus dudas como una fuerza positiva para
motivarte y convertirte en un mejor canalizador.

Sacar a la luz las voces de la duda, la resistencia y el miedo no es prestarles una atención indebida. No las consideres equivocadas, ni les tengas miedo ni les des tanto poder que te detengan. Cuando escuches esas dudas diciendo: «Yo no estoy canalizando realmente, no estoy haciendo un buen trabajo», es posible que quieras detenerte y preguntar: «¿Quién es el que habla y qué quiere?». Trata a esta voz como a un niño pequeño que necesita que lo tranquilicen. No pasa nada por tener dudas. Casi todo el mundo pasa por momentos en los que tiene dudas, incluso los canalizadores más refinados y experimentados. No estás solo.

Cuando alcanzas un nuevo nivel de canalización u otro nivel de despertar espiritual, incluso después de haber adquirido experiencia en la canalización, es posible que te surjan dudas. La diferencia entre los que se convierten en canalizadores excelentes y que no es que los que sobresalen siguen canalizando y no dejan que sus dudas los detengan. Los que se preguntan «¿Cómo puedo ser mejor?» utilizan sus dudas como fuerzas positivas y logran mejores y más fuertes conexiones con sus guías. Tu lado dubitativo no quiere sabotearte, sino que quiere encontrar la manera de integrar sus viejos puntos de vista del mundo con las nuevas perspectivas a medida que canalizas. Una vez que les des a tus dudas un nuevo papel, ellas te ayudarán a avanzar en lugar de obstaculizarte.

SANAYA Un hombre que tenía una cadena de tiendas acudió a Orin para una lectura después de que se abriera para canalizar. Aunque estaba canalizando y atraía buena información, él dudaba constantemente de su origen, pensando que se lo estaba inventando. Dijo que su canalización le había dado una nueva perspectiva sobre su trabajo y sus empleados y un nuevo nivel de paz interior. Quería deshacerse de sus dudas, así que Orin le hizo hablar con su parte dubitativa. Entonces se dio cuenta de que su lado fuerte y práctico se sentía amenazado. Era la parte de él que había sido responsable de todos sus éxitos empresariales. No estaba dispuesta a ceder el control a esta nueva y atrevida parte de sí mismo que parecía estar volviéndose loca.

Pidió a la parte dubitativa que vigilara cuidadosamente su canalización para asegurarse de que le ayudaba de forma práctica y que comprobara la exactitud de su traducción de la información de su guía. La parte dubitativa parecía feliz con esta nueva tarea y las dudas comenzaron a desaparecer. Orin hizo que su guía hablara sobre este tema y su guía le preguntó: «¿Eres tú o soy yo el que está hablando? Esta duda ya es antigua, y la verdad es que no tiene mucha importancia. Dile a tu mente que se concentre en la información que estás recibiendo. Decide si puedes o no utilizar la información. Si lees algo que es útil, rara vez cuestionas su autoría. Lo aceptas porque lo sientes como una verdad dentro de ti. Haz lo mismo con tu canalización». Esto y el trabajo anterior con tu parte dubitativa crearon un cambio que le permitió continuar con su canalización y dejar de lado algunas de las dudas que le habían estado molestando.

¿Es la canalización simplemente producto de tu imaginación?

ORIN Y DABEN La canalización de un guía a menudo requiere la expansión de tu imaginación. ¿A cuántos de vosotros os han enseñado a confiar en vuestra imaginación? Hay una creencia muy extendida de que no se puede confiar en la imaginación, y que sólo se puede confiar en las cosas científicamente reales y demostrables. Sin embargo, muchos de vuestros grandes inventos científicos provienen de la imaginación.

Aprende a confiar en tu imaginación y a honrarla. Albert Einstein «inventó» la teoría de la relatividad, y después demostró que era matemáticamente posible. Thomas Edison «inventó» la bombilla eléctrica y el fonógrafo, viéndolos en mente antes de ser capaz de crearlos. Tenía tanta fe en su imagen mental que hizo cientos de intentos para crear la bombilla y siguió adelante incluso cuando todos los demás le dijeron que no se podía hacer. Todo en tu realidad existió como un pensamiento antes de existir en la realidad.

¿Puedes concebir la riqueza de tu imaginación? Tu imaginación puede relacionarte con otros universos. Puede llevarte hacia atrás y hacia adelante en el tiempo. Puede enlazarte con mentes superiores y crear cualquier cosa en la que se concentre. La imaginación puede ayudarte a viajar fuera del cuerpo. Si lo deseas, puedes proyectar tu conciencia y usar tu imaginación para ver lugares y personas incluso estando lejos de ellos. Con tu imaginación puedes viajar a muchas realidades. Es tu imaginación la que trasciende la materia. Es una de las habilidades más elevadas que tienes. Te proporciona visiones, sueños y percepciones en la consciencia que trascienden tu conciencia normal.

El hecho de que sientas que has inventado algo no significa que no sea real. La realidad comienza dentro de ti. Cuando experimentas por primera vez la canalización, puede parecer que estás usando tu imaginación. La imaginación está en una vibración más elevada que la mente, y está libre de los límites y los constructos de la realidad física. Es capaz de mantener pensamientos que pueden parecer imposibles o inusuales para la mente. Tu imaginación es la piedra de toque de la realidad superior. Continúa canalizando y utilizando tu imaginación para expresar los mensajes de tu de tu guía y te encontrarás atrayendo cada vez más información más profunda y expansiva.

La nueva relación con tu cuerpo

ORIN Y DABEN A medida que canalizas abriéndote a una vibración más elevada, empiezas a cambiar la estructura molecular y celular de tu cuerpo; literalmente atraes más luz a tus células. Puede que se te antojen ciertos alimentos o que desees comer de forma diferente. A menudo se produce un proceso de liberación y limpieza por el que pasa el cuerpo a lo largo de los meses que siguen a la apertura. Es posible que descubras un deseo de realizar trabajos corporales o un cambio en tus necesidades nutricionales o de ejercicio. Puede que desees estar más tiempo al aire libre. Puedes notar que tus músculos son más fuertes o que tu sentido del tacto ha mejorado. Puede que tengas una mayor conciencia de tu cuerpo y una mayor capacidad para escuchar y comprender sus mensajes. Los cambios son distintos en cada uno. Algunas personas ganan peso, otras lo pierden. Redefinirás tu relación con muchas cosas en tu vida, incluido tu cuerpo.

A medida que canalizas, atraes más luz a tu cuerpo.

Es importante que lleves contigo tu cuerpo mientras viajas hacia estas vibraciones más elevadas. Quieres que tu estado corporal y tu estado espiritual sean armoniosos y estén alineados. No hay una dieta o un programa de ejercicios para esto. En su lugar, te recomendamos que sigas tus impulsos internos y dejes a tu guía que te ayude.

ORIN Cuando Sanaya empezó a canalizar hace años, decidió cambiar completamente su dieta. Dejó el azúcar, el alcohol, la carne y la cafeína y comía sólo alimentos saludables. Cuando nos reunimos y me pidió consejo, le dije de broma que pensaba que estaba tratando de lograr de la noche a la mañana lo que requeriría un cambio de cinco años en su vibración. Con cambios drásticos en la dieta o ejercicio, la vibración física se modifica y entonces no hay formas correspondientes en el mundo exterior para apoyar esa nueva vibración. Sus actividades, sus amigos y la forma en que pasaba su tiempo, todo coincidía con su vibración física. Como guías, hemos visto que cuando hay una división demasiado grande entre las realidades internas y externas a menudo las viejas costumbres serán más fuertes. Sanaya siguió adelante con su dieta de alimentos saludables, y en dos semanas se sintió inquieta e incómoda. Nada en su vida exterior parecía ya ir «bien».

Tenía dos opciones: hacer cambios drásticos en su vida exterior, desarraigando todo, o volver a sus viejos hábitos. Yo le dije con amabilidad que no se sintiera fracasada si volvía a sus viejos hábitos, que los cambiara de uno en uno y que fuera cariñosa y amable con su cuerpo. Ahora, siete años después, la mayoría de esos hábitos se han transformado en sus expresiones más elevadas. (Ella todavía admite su afición por el chocolate). El cambio se logró fácilmente y con suavidad, paso a paso. No necesariamente tienes que hacer los mismos cambios que ella. El cuerpo de cada persona es diferente.

DABEN Duane ha descubierto que no es la dieta lo que afecta a su capacidad para mantener la vibración superior, sino el ejercicio y el trabajo energético directo en uno mismo. Ha descubierto cada vez más formas de utilizar nuestro trabajo juntos para controlar la energía física y para armonizar los alimentos que ingiere con tu cuerpo. A través de esta armonización ha sido capaz de hacer evolucionar su cuerpo físico sin cambiar su dieta. No hay un único camino correcto. Descubre por ti mismo cuál es tu verdad y síguela.

ORIN Y DABEN   Recuerda que no es necesario que te deshagas de un hábito. Puede que sólo necesites transformar su expresión en tu vida. Tu deseo de azúcar puede ser la expresión de una necesidad insatisfecha de afecto. Busca el afecto en lugar de utilizar la fuerza de voluntad para dejar de comer azúcar. Tu necesidad de un cigarrillo puede reflejar un deseo de respirar más profundamente. Fumar puede ser la mejor manera que has encontrado para hacerlo. No te limites a dejar de fumar; presta atención a una respiración más profunda. Puedes elevar tus hábitos a su máxima expresión. Los hábitos siempre intentan darte algo positivo. En lugar de hacer que se conviertan en algo malo, pide que te guíen en su expresión superior. Una vez que encuentres la expresión elevada de un hábito, la vieja forma caerá.

Un ejercicio que utilizamos es hacer que la gente imagine un reloj. Las 12:00 del mediodía es la posición inicial, las 6:00 es la mitad del día y las 12:00 de la noche es la posición más alta, la más evolucionada. Cierra los ojos e imagina el reloj en tu mente. Si equiparas el tiempo con la evolución, ¿qué hora es en nuestro reloj cuando miras tu cuerpo físico? ¿Qué hora es cuando miras tu desarrollo emocional? ¿Qué hora representa mejor tu desarrollo mental? ¿En qué hora consideras que te encuentras en tu desarrollo espiritual? Observa dónde hay una diferencia de 3 o 4 horas. Quizás sientas que tu cuerpo físico está a las 4:00 y que tu cuerpo espiritual está a las 9:00. Si quieres tener equilibrio y armonía a tu vida, céntrate en hacer evolucionar tu cuerpo físico en primer lugar.

Una mujer descubrió que su vida había cambiado rápidamente después de abrirse a la canalización. Fue capaz de hacer algo que había estado deseando hacer durante años, ¡perder 15 kilos! Los perdió en los primeros seis meses sin hacer dieta. Con la ayuda de su guía fue capaz de hacer circular la energía por su cuerpo, lo que le ayudó a hacer desaparecer sus ansias de dulces y reducir su apetito. Dijo que por primera vez en años sentía que la comida ya no dominaba su vida.

15 | FORTALECER LA CANALIZACIÓN

¿Con qué frecuencia canalizas?

ORIN Y DABEN   Muchos de vosotros os preguntáis con qué frecuencia debéis canalizar para desarrollar una conexión fuerte y clara con vuestro guía. «Regularmente» puede definirse como una sesión una vez a la semana o unos minutos cada día. También puede ser trabajar en un proyecto durante muchas horas seguidas durante períodos programados. No lo conviertas en un «debería» o un «tengo que». Sobre todo, sigue tu alegría interior. A medida que te abres a los a las esferas superiores, es probable que sientas dentro de ti el deseo de canalizar. Si crees que no estás canalizando tan a menudo como te gustaría, puedes usar tu voluntad y obligarte a practicar todo el tiempo, pero creemos que los resultados más duraderos los proporciona una canalización gozosa y útil. Para algunos, tan sólo cinco minutos tres o cuatro veces a la semana mantiene la conexión fuerte y les proporciona una orientación práctica.

Habrá días en los que la conexión será fuerte y estarás abierto y receptivo. Los mensajes parecerán fluir libremente y te inspirarán. En otras ocasiones, te será más difícil establecer la conexión; la recepción puede ser confusa, poco clara, o las ideas no te llegan. Hay muchos factores en juego, así que no te culpes aunque pasen los días y te cueste establecer la conexión. La transmisión puede variar. Cuando la conexión es difícil de establecer, dedica tu atención a otra cosa durante un tiempo. Puede que necesites un cambio de aires, más ejercicio, dormir más. Puede que simplemente necesites tomarte un descanso durante un tiempo. A veces hay «tormentas magnéticas» o interferencias en nuestras esferas que hacen que la conexión sea débil. Si te resulta difícil canalizar, hazlo en otro momento.

La gente experimenta la canalización como un flujo repentino de ideas, percepciones, creatividad y orientación clara.

Puede que te sea fácil entrar en un estado de canalización mientras haces cosas que te relajan o aumentan tu conciencia. Es algo que siempre podrás controlar. Puede que ocurra cuando estés haciendo ejercicio, corriendo, duchándote, escuchando música, cocinando la cena, viendo la televisión, rezando o meditando. Algunos de los momentos más fáciles para conectar con tu guía o con tu propio conocimiento interior es cuando te sientes relajado y en paz.

DUANE Al principio descubrí que lo mejor era conectar con DaBen sólo durante cortos períodos cada vez. Esto me permitía adaptarme a los cambios físicos y de personalidad que la canalización provocaba en incrementos regulares y pequeños sin sobrecarga. Llevaba una grabadora, y si tenía que esperar antes de una reunión, pasaba cinco minutos canalizando. DaBen continuaba canalizando sobre el tema que había canalizado la vez anterior. Descubrí que usar la canalización en cosas cotidianas era una forma de aumentar mi conexión. También canalicé en sesiones de aproximadamente media hora varias veces a la semana para atraer información de naturaleza científica. A veces, elegía un tema sobre el que sabía mucho, reflexionaba sobre él y luego le hacía preguntas a DaBen sobre el mismo tema. Mientras canalizaba, DaBen me daba una nueva perspectiva; siempre aprendía cosas en las que no había pensado antes. Esto ayudó a fortalecer la conexión y me ayudó a creer que mi canalización tenía un valor real.

Fortalecer la conexión

ORIN Y DABEN   Para aumentar la conexión con tu guía, puedes pensar conscientemente en él o en su nombre. Es lo único que necesitas hacer para atraer la luz y el amor de tu guía. También puedes aprender a llamar a tu guía durante un instante cerrando los ojos y pidiendo orientación, obtendrás simples impresiones de sí o no al instante. Puedes hacerlo tanto si estás en la cola del supermercado, conduciendo el coche o caminando por la calle. Puedes traer la esencia de tu conexión con tu guía en cualquier momento durante el tiempo que quieras, ya sean treinta segundos o tres minutos. Este tipo de conexión no tiene por qué ser un proceso largo. Uno de los beneficios de aprender a canalizar haciendo este tipo de trance en lugar de entrar en trance es que puedes utilizarlo en tu oficina, en reuniones o en público, de hecho, en casi cualquier lugar y en cualquier momento que necesites una fuente adicional de inspiración o guía.

A medida que continúes canalizando, verás que aumenta tu habilidad para conectar y atraer nuevos niveles de sabiduría. Experimentarás una serie continua de cambios a lo largo de tu desarrollo de la canalización. A medida que te acostumbres a las esferas superiores, aprendiendo a viajar hacia ellas y expandiendo su vibración para conectarte con ellas, y a medida que tu canal esté más abierto, podrás comunicar más a nivel de energía pura.

Cuando se llega a un nuevo nivel de canalización, después a veces se puede experimentar nerviosismo. Esto les puede ocurrir incluso a canalizadores experimentados. Cuando se hace la transición a una vibración aún más alta, se desencadena un proceso de crecimiento que es a veces como la primera apertura. El nerviosismo suele deberse a que entra más energía a través de tu cuerpo de la que estás acostumbrado.

No tienes que estar de buen humor para canalizar,
sólo estar dispuesto a hacerlo.

Es posible llegar a tu guía incluso en medio de una crisis emocional. Sin embargo, tienes que estar dispuesto a estar de buen humor, una vez que canalices, tendrás problemas para mantener tu enfado. Desde la perspectiva de los guías, lo más probable es que puedas ver los dos puntos de vista de ambas personas, o que entiendas lo que estás aprendiendo de una situación y tu intervención en crearla. Desde este punto de vista más elevado y amoroso, es difícil permanecer enfadado y cerrado.

Recibir información más específica

ORIN Y DABEN Puedes obtener respuestas más específicas al hacer que la gente haga preguntas más específicas o que aclare qué es lo que quiere saber. Cuando se hacen peticiones generales, como «Háblame de Juan», muchos guías preguntan qué relación tiene Juan con ellos y qué es específicamente lo que quieren saber específicamente sobre él. Si alguien dice: «Háblame de mi trabajo», un guía podría preguntar: «¿Qué quieres saber específicamente sobre tu trabajo?». Conseguir información depende también de tu capacidad para relajarte y confiar en los mensajes que estás recibiendo.

Las guías practican la economía de la energía.

Los guías practicamos la economía de la energía. Hacemos las cosas con sencillez, con el menor gasto de energía. Podríamos ser capaces de verlo todo sobre una persona o su trabajo, pero nos llevaría horas hablar de ello. Es mucho más rápido y nos ahorra mucha energía que la persona que pregunta sea específica sobre lo que quiere saber y que haga sólo esa pregunta. Esto también hace ver con claridad a la gente cuáles son realmente los problemas. Una buena manera de obtener respuestas más detalladas y específicas decirle a la gente que le pregunte a su guía exactamente lo que quiere saber.

Otro reto es tu confianza a la hora de transmitir información detallada. A menudo tu mente se interpone en el camino. Es posible que recibas consejos muy concretos de tu guía y que te cueste transmitirlos por miedo a que estén equivocados. Éste es uno de los obstáculos para ser específico. Recuerda que normalmente recibes la canalización en el hemisferio derecho y la transmites desde el izquierdo, así que tu habilidad como traductor es importante para transmitir con precisión información detallada. La información general e inespecífica es mucho más fácil de recibir al principio, y a través de la práctica y la confianza te volverás más hábil con los detalles.

SANAYA Cuando empecé a canalizar a Orin, quería que su información fuera útil y valiosa para la gente. Los numerosos informes positivos de las personas que vinieron a las lecturas me dieron confianza en la exactitud y el valor de los consejos específicos de Orin sobre propósito y dirección de la vida. Sin embargo, Orin a veces daba a una persona información muy detallada, sobre sus relaciones, un nuevo hogar, unas próximas vacaciones y otras cosas de las que yo no podía saber nada. Me preocupaba la exactitud de los detalles que Orin daba a los demás, y a veces dejaba de hablar. Al igual que la gente sabia informó en el consejo general sobre propósito de la vida, aprendí que los detalles de Orin también eran precisos, y poco a poco empecé a confiar en ellos. En retrospectiva, no sé por qué me preocupaba tanto. Desde mi propia perspectiva en ese momento, no sabía si los detalles eran correctos o erróneos, así que requería mucha confianza para transmitir lo que estaba recibiendo.

Ahora confío fácilmente lo que recibo de Orin. La información llega tan rápidamente que rara vez sé lo que va a decir antes de que lo diga. Sus mensajes se me transmiten y se pronuncian a través de mi voz una fracción de segundo antes de que pueda pensar en ellos. Orin no transmitió de esta manera hasta que tuve mucha confianza en la exactitud de los mensajes y estuve dispuesta a dejarle hablar sin comprobar primero cada frase. No podía añadir o cambiar sus mensajes, pero podía dejar de hablar y cortar la información. Recuerda que la canalización consciente, a diferencia de la inconsciente, te da la oportunidad de aprender mientras canalizas. La canalización consciente también te proporciona el reto de dejar que los mensajes fluyan y la responsabilidad de transmitir con exactitud los mensajes de tu guía.

DUANE Cuando DaBen vino por primera vez, le dije: «Yo me encargaré de los detalles de mi vida; no quiero ninguna interferencia tuya». DaBen era maravilloso dándome información científica, explicando cambios en la tierra y hablando de teorías generales. Después de algunos meses, quise que DaBen me diera un consejo detallado sobre una decisión de negocios, pero no lo hizo. Empecé a pensar que no tenía una conexión clara y me preocupaba mi incapacidad de obtener detalles sobre mi vida. Después de seis meses de intentar conseguir información específica y personal, le pregunté a DaBen cuál era el problema. Me dijo que yo le había pedido que no me diera detalles específicos, y que estaba siguiendo mi directiva. Le dije que había cambiado de opinión, que entonces quería un guía personal y una información específica. Después de eso, fue maravilloso ofreciendo consejos y sugerencias sobre cosas muy específicas. Según mi experiencia, los guías respetan tus límites y peticiones personales. Hacen todo lo posible por respetarte a ti y a tu vida.

Otras formas de llegar a tu guía

ORIN Y DABEN   Tenemos otras formas de conseguir información más específica además de tener que canalizarla. Nosotros no desperdiciamos la valiosa energía. Todo lo que hacemos se realiza de la manera más fácil posible para que toda nuestra energía disponible pueda utilizarse para el mayor bien.

Los guías tienen muchas formas de llegar a ti.

Puede ocurrir que, después de haber canalizado cierta información, te topes con un libro relacionado con el tema o que alguien te hable de lo que acabas de recibir. Cuando Duane y Sanaya estaban canalizando información sobre los cambios en la tierra, cada vez que llegaban a una parte que requería extensas explicaciones, recibían a los pocos días un libro que profundizaba en el tema, aclarando y validando la información que habían canalizado. El libro les proporcionaba los datos que necesitaban, ahorrándoles horas de canalización.

Es posible que te enviemos un saludo en forma de arcoíris o de cristal especial. La letra de una canción que acabas de escuchar en la radio puede parezca hablar directamente a tu corazón. Quizá tengas un sueño con una respuesta. Una clase o un profesor pueden ayudarte a encontrar la respuesta. Los guías tienen muchas maneras de llegar a ti.

¿La canalización te ayudará a ganar la lotería?

ORIN Y DABEN Las habilidades psíquicas y extrasensoriales utilizadas en predecir números y eventos no son lo mismo que la canalización. Hay siete centros de energía, llamados «chakras». En parte, están concentrados en el cuerpo físico. El primer chakra está en la base de la columna vertebral y el séptimo en la parte superior de la cabeza, los demás se sitúan en medio. El centro psíquico, el sexto chakra, denominado el «tercer ojo», está situado entre las cejas. Las habilidades psíquicas provienen del uso de este sexto chakra o tercer ojo. En la canalización se recibe la orientación del séptimo chakra, llamado el «centro de la corona». A medida que abres tu séptimo chakra, construyes el puente hacia las esferas superiores, ya que este centro está asociado con el despertar espiritual. También se ocupa de la imaginación, la fantasía y las visiones. Por eso puede que sientas que te estás «inventando cosas» cuando estás en un espacio de canalización. Este centro se abre al pedir orientación sobre tu propósito superior y cuando utilizas la canalización para enriquecer y potenciar tu vida. Vive los ideales más elevados y sé responsable, honesto y procede desde tu integridad en todo lo que hagas.

No necesitas desarrollar tus habilidades parapsicológicas
para convertirte en un buen canalizador.

Tu sexto chakra, el centro psíquico, se ocupa de la clarividencia, la precognición, la telepatía, la visión remota (la capacidad de ver cosas que suceden lejos cuando no estás físicamente presente) y habilidades similares. Al canalizar, puedes experimentar el despertar de tus habilidades parapsicológicas, pero te animamos a abrir tu centro de la corona, que es tu centro espiritual, como tu foco principal. La telepatía, la clarividencia y la intuición son habilidades que pueden desarrollarse a medida que se canaliza, pero también pueden desarrollarse sin canalizar.

SANAYA Y DUANE   Una cosa que hemos observado una y otra vez es que usar a los guías para predecir los ganadores en las carreras de caballos o números en la ruleta rara vez funciona. Nuestros guías nos han dicho que los guías superiores están aquí para nuestro enriquecimiento espiritual, y que la obtención de dinero mediante el juego simplemente no les interesa. Incluso las personas que desean utilizar el dinero que ganan para buenas obras, notan que el dinero les llega a través de los esfuerzos espirituales que ellos hacen y que son de ayuda a los demás, y no a través de una tirada de dados o de la ruleta.

La canalización es una conexión con las esferas superiores, y es mejor centrarse en la conexión con un guía de nivel superior en lugar de desarrollar tus habilidades parapsicológicas. Estas habilidades se desarrollarán en su momento si tuvieran algún valor espiritual para ti. Los guías de nivel superior trabajan sólo con aquellos que usan su canalización para el crecimiento espiritual. Sin embargo, es probable que al seguir su camino espiritual también seas económicamente próspero.

¿Se puede cambiar de guía?

SANAYA Y DUANE   Es normal que un guía trabaje contigo inicialmente y que posteriormente llegue otro. Es posible que puedas conectar con un guía superior o con una parte superior de tu guía original, o puede que tu rumbo haya cambiado y sea el momento de trabajar con otro tipo de guía. Esto no quiere decir que el guía que has estado canalizando sea inadecuado, simplemente puede que esté bajando la vibración de un guía aún más alto hasta que estés física, mental y emocionalmente capacitado para manejar una frecuencia mejor. Algunos de vosotros también podéis trabajar con varios guías a la vez cuando cada uno de ellos tiene un área de experiencia diferente.

Hay muchas maneras de empezar a conocer a un nuevo guía. Tu estado de trance puede ser diferente, más ligero o más profundo. Tu voz puede empezar a cambiar, volviéndose más grave, más profunda o adoptando un acento. Las comunicaciones de tu guía pueden ser de una naturaleza diferente que en el pasado. Pueden sentir que tu guía es más sabio o ser capaz de proporcionarte una perspectiva más amplia.

Una noche, una mujer que había estado canalizando a un guía durante años se encontró transmitiendo lo que parecía ser un nuevo guía. La vibración de este nuevo ser era tan alta que todos los presentes tenían muchas visiones profundas y sentían muchos cambios en su interior. Ella preguntó a su guía conocido si había canalizado a un nuevo guía, y él le dijo que no, que había conectado con una parte de su energía muy superior a aquélla que había canalizado antes. Él no había sido capaz de llevar esta parte de sí mismo en el pasado debido a su la resistencia que oponía ella a todo el poder que conllevaba esta expansión.

Alrededor del 10 % de las personas que han aprendido a canalizar un guía a través de nuestros cursos han cambiado de guía en transcurso del primer año. Al principio, muchos de ellos ya tenían la sensación de que su primer guía no sería el permanente. Algunos empezaron a notar un cambio después de meses de práctica regular. A menudo comenzaba con un sentimiento de inquietud o frustración con su canalización. Los nuevos niveles de información parecían estar fuera de su alcance. Casi todos sintieron un cambio de algún tipo o una premonición de que algo era diferente antes de que llegara el nuevo guía. Si te preguntas si un nuevo guía está presente, pregúntaselo. Los guías te dirán quiénes son y lo que está ocurriendo.

Una mujer llamó emocionada para hablarnos de su nuevo guía. Había disfrutado del anterior, pero sentía que la conexión era débil y todavía tenía muchas dudas sobre la realidad de este guía. Se reunía regularmente con un grupo de personas que también habían asistido al curso. De repente, una noche, mientras entraba en trance, se oyó una fuerte voz masculina. Anunció que era su nuevo guía y que había llegado el momento de empezar a trabajar juntos. Le dio instrucciones claras sobre sus próximos pasos. Fue muy conciso, divertido y firme en sus consejos. A todo el mundo le encantó, y desde entonces ha estado con ella. Está encantada con la calidad de sus lecturas. Su antiguo guía se ha ido, pero sirvió para abrir la puerta para su nuevo guía.

DaBen suele tener otros guías que le ayudan. DaBen asiste a Duane con su trabajo energético y corporal, y le gusta hablar de asuntos científicos. Con su voz y su energía, es capaz de llevar a la gente a «viajar» mentalmente a otras dimensiones para explorar nuevas experiencias de sí mismos. Sin embargo, cuando se solicita cierta información específica, DaBen recurre a lo que él llama sus «filtros». DaBen seguirá presente, manejando la energía, pero un «filtro» transmitirá la información a Duane.

Canalizar al mismo guía que otros

ORIN   La gente suele preguntar si más de una persona puede canalizar al mismo guía. Algunos guías vienen a través de varias personas, aunque tendrán tonos y mensajes ligeramente diferentes. Los canalizadores del grupo de Michael, por ejemplo, dicen que todos canalizan a «Michael», una conciencia colectiva superior de mil entidades.

Muchas personas sienten que están canalizando a Orin. Es verdad que me comunico a través de otras personas, pero no me identifico con Orin, porque Orin es la «frecuencia de identidad» que uso para mostrar mi energía cuando fluye a través de Sanaya. Mi energía fluirá a través de cada canal de una manera ligeramente diferente, y utilizará un nombre distinto para crear «frecuencia de identidad» con un significado diferente. Por supuesto, es posible que otro guía tome el nombre de «Orin», al igual que muchos de vosotros tenéis los mismos nombres.

Formamos parte de una conciencia colectiva mayor o multidimensional. Nos sentimos como individuos, aunque somos parte de un todo mayor. Seguirás sintiéndote como un individuo a medida que crezcas, te conviertas en uno con tu alma y te muevas hacia la conciencia multidimensional. El «yo» con el que te conoces a ti mismo ahora abarcará una identidad aún mayor, así como ahora tienes una identidad más grande que la que tenías de niño.

Hay otros guías que se sienten como yo y hablan de las cosas que yo hago, porque hay muchos guías que vienen de mi realidad o mi nivel de realidad multidimensional. Yo y otros guías emitimos en una determinada frecuencia o banda de ondas y tenemos mensajes de amor y paz similares. Debido a que muchas de nuestras diferencias individuales son muy sutiles y discernirlas está más allá de tu capacidad normal de percibir la energía, es posible que no puedas distinguir diferencias entre nosotros hasta que tu conciencia y conocimiento se hayan expandido mucho.

¿Se puede perder la capacidad de canalización?

ORIN Y DABEN   La canalización es una habilidad y una conexión que una vez hecha no cesa a menos que tú lo pidas; sin embargo, podría cambiar en su forma. Puede haber momentos de tu vida en los que dejes de canalizar por cortos o largos períodos de tiempo. Hemos constatado que la mayoría de las personas que eligen dejar de hacerlo por diversas razones son capaces de empezar de nuevo cuando se sienten preparados.

Hay ciertas condiciones que cambiarán tu conexión directa con un guía. Las personas que atraviesan grandes crisis de salud pueden experimentar suspensiones temporales de sus conexiones verbales. En parte, esto se debe a que se necesita un cierto nivel de armonía en el cuerpo energético para llegar a nosotros. Cuando las personas están enfermas, puede que no sean capaces de alcanzar la armonía necesaria para canalizar verbalmente. Nunca retiramos nuestro amor y protección; es sólo su conexión verbal la que puede verse limitada. Una vez que recuperes tu salud, la conexión verbal será tan fuerte como siempre.

Otra condición que puede crear una suspensión temporal de la canalización es la aflicción. Aquellos que están de duelo, que han perdido a un ser querido o están afligidos por cualquier razón, puede que descubran que sus conexiones verbales son más difíciles, si no imposibles, de lograr. El dolor y la tristeza son emociones muy poderosas. Las emociones temporales de tristeza no bloquearán la conexión, pero el dolor es una conmoción para todo el sistema y puede llevar un tiempo lograr la armonía necesaria para una conexión verbal. Las emociones fuertes pueden actuar como capas de nubes a tu alrededor, y a nosotros nos dificultan llegar a ti. Te hablaremos en tu mente cuando estés afligido, pero lo más probable es que no lleguemos a tu cuerpo físico. También es posible que te enviemos a los amigos, eventos e información que actuarán para curarte.

16 | SALIR AL MUNDO COMO CANALIZADOR

Amigos que te apoyan: Una de las claves de tu éxito

SANAYA Y DUANE Para el desarrollo de muchos canalizadores célebres, al principio ha sido importante el mantener su canalización dentro de un círculo de amigos que los apoyen. Un ambiente cálido y privado es más propicio para despertar y abrir las capacidades que un ambiente frío, clínico o crítico. Empieza canalizando para personas que tengan una creencia básica en el proceso, no para personas a las que tienes que convencer de que la canalización es real. Puedes conocer a personas receptivas a través de centros y organizaciones de la Nueva Era.

Aparecer en público antes de tiempo puede crear problemas, especialmente si aún no tienes confianza en tu capacidad de canalizar. Puedes sentir las dudas y los miedos de otras personas tan fuertemente que a menudo se apaga la conexión con tu guía. Las críticas pueden ser difíciles de aceptar al principio, cuando uno mismo no está completamente seguro y confiado.

Una mujer adoraba tanto su canalización como a su guía hasta que le impartió una lectura a una amiga que no estaba consiguiendo lo que quería de su marido. Duane había visto la presencia del guía en el aura de la mujer cuando había canalizado durante el curso. El guía de la mujer le dijo a la amiga con toda sinceridad y compasión que ya era hora de que dejara de intentar que su marido actuara como ella quería y que lo aceptara por lo que era. El guía le dijo a la amiga, con amabilidad y cariño, que ya era hora de que dejara de ser una víctima y aprendiera a crear lo que quería para sí misma, porque tenía el poder de crear una vida maravillosa y feliz. La amiga había respondido diciéndole que estaba segura de que la canalización provenía de su persona y no de un guía. La mujer, que aún no confiaba plenamente en sus capacidades, se sintió tan abatida que dejó de canalizar. Esta experiencia del escepticismo de otra persona hizo que afloraran todas sus dudas sobre su canalización. Tardó varios meses en volver a empezar. Finalmente se dio cuenta de que su amiga se sentía amenazada por el papel de autoridad que como canalizadora desempeñaba, no estaba dispuesta a abandonar el patrón de ser una víctima. Antes de la canalización, se limitaba a simpatizar con su amiga por su «mal» marido. Todo esto había cambiado después de la canalización. Su guía estaba preocupado más por ayudar a su amiga a crear una vida feliz que por escuchar sus quejas. Una vez que se dio cuenta de por qué su amiga respondía así, reanudó su canalización. También se dio cuenta de que su amiga le había hecho un regalo al dudar de su canalización, ya que al enfrentarse a sus dudas y examinarlas se convirtió una canalizadora aún más fuerte y precisa.

Una atractiva mujer de negocios, con alto nivel adquisitivo y que había volado de Boston, tenía un intenso deseo de canalizar, pero creía que no sería algo que pudiera contar a sus amigos. Atrajo a un guía durante el curso y lo hizo bastante bien canalizando para otras personas. Cuando se fue, estaba segura de su capacidad de canalizar. Pero cuando llegó a casa, su marido apenas la hablaba porque consideraba que era una tontería, y sus amigos la miraban como si estuviera hablando en una lengua extranjera. Algunos incluso actuaron como si dudaran de su estabilidad mental cuando ella mencionó que estaba canalizando a un guía.

Nos llamó varias veces para decir que tenía problemas para mantener la conexión con su guía ante las dudas de todo el mundo. Orin la tranquilizó diciéndole que había elegido desarrollar la creencia en sí misma, incluso cuando los demás no apoyaban lo que lo que estaba haciendo. Señaló que, a lo largo de su vida, había hecho muchas cosas que los demás criticaban y que le habían salido bien. También la animó a conocer a otras personas que apoyaran su canalización.

Unos meses más tarde, llamó para decir que había ido a la librería metafísica local, había descubierto que se impartían clases y había conocido a algunos amigos con los que podía hablar de esta nueva faceta de su vida. Su marido seguía sin ver ningún valor en la canalización, pero ya no era abiertamente hostil. Ella seguía muy metida en el mundo de los negocios, y le resultaba un gran reto seguir creyendo en lo que hacía frente a toda la desaprobación y la apatía que la rodeaba. Orin la animó a explorar si quería o no seguir en el mundo de los negocios y examinar la posibilidad de cumplir el sueño de toda su vida, dejar de trabajar y escribir un libro. Fue una decisión difícil para ella. Le preocupaba no poder escribir, que pudiera permitirse dejar el trabajo y pensaba que su marido se opondría enérgicamente.

Un año después volvió a llamar. Había dejado su trabajo y estaba escribiendo su libro. Su canalización la había ayudado a encontrar el coraje para moverse en esta dirección, y mientras escribía estaban sucediendo cosas increíbles. Había conseguido gran parte del material de investigación que necesitaba y que había pensado que sería difícil de obtener. Su marido, sorprendentemente, había apoyado que escribiese y, de alguna manera, las facturas se seguían pagando. Ya no le preocupaba lo que pensaran los demás, y se sentía entusiasmada y feliz con su vida. Sentía una nueva confianza en sí misma. Todavía tenía dudas sobre la finalización del libro y le costaba creer que podría tener realmente lo que quisiera, pero sabía que todo esto desaparecería con el tiempo.

Otro problema con el que se encuentra la gente es su expectativa de que después de aprender a canalizar serán capaces de canalizar profesionalmente o que todos sus problemas se resolverán. Una joven había pasado por un momento difícil justo antes de abrirse a la canalización. Había ganado mucho peso y había roto con su novio, pero entonces sentía que las cosas estaban cambiando en torno a ella. Todavía no tenía mucha confianza en sí misma, pero estaba empezando a perder peso y a cuidar su cuerpo. Trabajaba como jefa de oficina y quería canalizar ya fuera como profesional o para los amigos, y descubrir su propio camino y su propósito más elevado. Sentía que su trabajo era sólo temporal y que terminaría cuando encontrara su verdadero camino espiritual. Estaba muy entusiasmada por aprender a canalizar y no podía esperar a conectarse con su guía, aunque le preocupaba mucho no tener uno o que tuviera problemas para conectar.

Estaba tan nerviosa la mañana del curso que le dolía el estómago. Sin embargo, lo hizo bien y estaba muy contenta consigo misma. Cuando canalizaba, su voz cambiaba, y su guía utilizaba gestos que eran claramente diferentes a los suyos. Pero sobre todo, atrajo información muy valiosa y elevada. Unos cuatro meses después, llamó para decir que tenía problemas en parte porque sus amigos no estaban interesados o no la apoyaban. Sentía que su conexión con su guía no era tan fuerte como lo había sido antes. A estas alturas, esperaba haber conseguido una confianza total en sí misma y saber exactamente cuál era su camino. También esperaba haber podido canalizar en público profesionalmente.

Orin le dijo: «Estás experimentando sólo una fracción de la verdadera energía de tu guía. Tu cuerpo físico no puede tolerar más en este momento. De hecho, tu guía llegó un poco más rápido y te llevó más alto de lo que originalmente pretendía debido a tu gran entusiasmo. Ha retrocedido un poco para permitir que tu cuerpo, tus emociones y el mundo exterior se pongan al día. Tu guía está transmitiendo grandes bloques de datos a la vez, y luego espera un tiempo para la siguiente transmisión, dándote tiempo para que asimiles la información y mantengas el canal abierto por ti misma. No te preocupes cuando las olas parezcan haber desaparecido. Es como la marea que baja; volverá a subir. Tu guía te está dando tiempo para pensar por ti misma, para que no te vuelvas dependiente o pienses que tu sabiduría viene de tu canalización.

»¡Ten paciencia! Disfruta del proceso de conocer a tu guía. Tómate tu tiempo para poner en orden tu propia vida. Las primeras etapas te ofrecen crecimiento y abundancia. Eres como un niño que aprende a caminar, y necesitas tiempo para practicar y estabilizarte antes de salir al mundo. Más adelante podrás ofrecer tu trabajo a los demás, pero primero tienes que desarrollar una base fuerte y sólida construida sobre la experiencia y la sabiduría. Es posible que tu interior tenga que cambiar mucho antes de estar lista para cambiar de trabajo y asumir la responsabilidad de servir a los demás a través de la canalización profesional. Pueden pasar varios años antes de que estés preparada. La verdadera confianza en sí mismo no te la puede dar tu guía, porque es un regalo que te haces a ti misma. Todo lo que estás haciendo es acelerar tu camino más elevado, incluso si no parece estar relacionado. Una vez que hayas afirmado que tienes la intención de seguir tu camino, todo lo que te suceda te ayudará a hacerlo.

»Puedes tener la imagen de que seguir tu camino significa ser conocido, tener mucha gente que acuda a tu guía. Alcanzar la conciencia superior es lo más importante que puedes hacer para ayudar a los demás, porque a medida que creces, te conviertes en una estación de transmisión para otros. Te conviertes en un diapasón y otros comenzarán a experimentar la conciencia superior sólo por estar cerca de ti. Muchos de los grandes maestros enseñaron con el ejemplo y poniendo sus propias vidas en orden. La gente decía que se sentía iluminada sólo por estar cerca de ellos. A medida que elevas tu conciencia, estás en tu camino. Los detalles específicos y la forma vendrán después. Todo lo que desees llegará con el tiempo.

»Tu guía no te va a decir cuál es tu camino, te va a ayudar a alcanzar una vibración más alta para que lo veas por ti misma. Su principal prioridad ahora es ayudarte a estabilizar y fortalecer la vibración superior que has atraído conectando con los reinos superiores. Él ya te ha ayudado a pensar de manera más elevada, aunque no lo reconoces porque los cambios han sido leves y compatibles con tu orientación anterior. Pronto tu mundo exterior se pondrá al día con los cambios en tu mundo interior. El énfasis del cambio se desplazará de tu mundo exterior al desarrollo de tu vida interior. Después de atravesar este período, te encontrarás abriéndote a otro nivel de información de tu guía. Puede que te sientas frustrado. Parte de tu crecimiento en este momento es abrir tu corazón, tener fe en ti mismo y en tu guía y aprender a confiar en que conseguirás lo que quieres. Esto forma parte de tu proceso de apertura y probablemente continuará mientras estés evolucionando».

La lectura la ayudó a dejar de lado su frustración y ansiedad y a disfrutar más de su canalización. Una vez que dejó de preocuparse, se produjeron los cambios que había deseado. Ascendió en el trabajo, le aumentaron el sueldo, empezó a jugar al béisbol y continuó perdiendo peso. Dejó de lado su canalización por un tiempo, pero, seis meses después, comenzó a regresar a su vida y su conexión es ahora fuerte y estable. Un año y medio después, nos ha dicho que la oportunidad de iniciar su propio negocio de venta al por menor con un amigo se está haciendo realidad. No es lo que esperaba, pero sospecha que aprender a dirigir su propio negocio puede ser un paso para convertirse en canalizadora profesional que le enseñe a servir a los demás, a gestionar su dinero y a otras valiosas habilidades. Dice que está aprendiendo a confiar en lo que le llaga y a dejar de intentar que todo ocurra de una manera determinada.

Tu nueva labor con los amigos

ORIN Y DABEN   Presenta a tu guía y tu trabajo con tu guía con respeto. La confianza y la compasión que proyectes a través de tu canalización determinarán cómo responderán los demás a ésta. La presentación de tu canalización –así como tus palabras, la atención a los detalles y la apariencia– les indicará a los demás la calidad de tu trabajo. Tómate el tiempo necesario para canalizar cuidadosamente, con precisión y exactitud, y presenta a tu guía de la mejor manera posible. Tu integridad, tu amor y tu personalidad también se reflejan en las lecturas. Eres el representante de tu guía en el plano terrestre.

Cuando impartas lecturas a la gente, estarás actuando como un consejero de vida. Tu papel será el de un ayudante para otras personas en todos los aspectos de su vida, incluyendo el crecimiento espiritual. Ellos te verán cada vez más como un maestro y un sanador. Canalizar para otras personas a menudo implica un cambio de tu identidad. Tu guía probablemente hablará con más autoridad y poder de lo que tú normalmente lo haces, por lo que los demás podrían verte como la autoridad y la persona a cargo. Necesitarás acostumbrarte a hablar con este nuevo nivel de sabiduría. Algunas personas han descubierto que aceptar este nuevo papel es la parte más difícil de canalizar para otros. Este papel conlleva tanto la oportunidad de ayudar a otros en gran medida como de actuar con mayor integridad.

No hace falta que la gente acuda a ti. Simplemente busca a quienes puedas servir mejor, los que se beneficiarán realmente a nivel del alma de tu trabajo, y verás que acuden a ti. Es posible que quieras atraer a aquellos que comparten vibraciones similares y que puedan apreciar lo que estás haciendo. En lugar de enviar tu energía, atrae a esas personas hacia ti. Imagina que eres un imán y que estás atrayendo hacia ti a aquellos que pueden crecer con lo que tienes que ofrecer y servirse de ello.

A medida que canalizas, irradias más luz y te vuelves
más carismático para la gente.

De un modo natural, empezarás a atraer quienes están en el camino de crecimiento acelerado y que pueden relacionarse con tu nuevo interés. Puede que descubras que te gusta estar con gente diferente en el futuro. Los viejos amigos que no están interesados en crecer pueden marcharse de tu vida. Puede que no te guste estar con personas que parecen no tener un propósito en su vida. Es posible que encuentres oportunidades para solucionar viejos problemas con los amigos. También encontrarás muchos amigos nuevos que llegarán a tu vida a medida que estés preparado.

Cómo hablar de canalización con otras personas

DUANE Muchos de los que han aprendido a canalizar quieren hablar sobre la canalización o explicar lo que es a sus amigos. Canalizar es una experiencia, y como cualquier experiencia es difícil de describir. La canalización es también una parte de una realidad que tiene que experimentarse individualmente para tener significado. Creemos que lo mejor es tratar de explicar la canalización a partir de tu experiencia. Cuenta a tus amigos lo que significa para ti la canalización y habla de algunas de tus experiencias personales al respecto.

Las personas con las que hables sobre la canalización pueden tener respuestas que irán desde un muy entusiasta «¡Eso es increíble, quiero saber más!» a un «Eso es imposible» o incluso a un «¡Eso es peligroso!» Dado que habrás encontrado un nuevo sentido de la amistad con personas que te dan la primera respuesta, deja que tu propio entusiasmo te guíe. Es posible que te sorprendas o te quedes sin palabras cuando te encuentres con personas que tienen la segunda respuesta, así que te contaremos nuestras experiencias y los consejos de Orin y DaBen.

En primer lugar, cuando te encuentres con dudas, sé comprensivo, no te pongas a la defensiva. Recuerda que tus amigos no son los primeros en cuestionar o no creerse este fenómeno de la canalización. En un momento dado, es probable que tú mismo lo hayas cuestionado. Intentar «probar» la canalización a quienes no la han experimentado o no creen que sea posible parecerá hacer que vuestras realidades estén aún más distanciadas. No tienes que demostrar nada. Tu propio conocimiento interno es tu fuente de autoridad final, no los pensamientos u opiniones de otros. Permanece fiel a tu propia integridad, porque, en última instancia, todo lo que podemos ofrecer a los demás de nosotros mismos es el ejemplo de nuestra propia vida. Utiliza tu verdad interior y tu canalización para hacer que tu vida funcione. También es importante que permitas a los demás tener sus verdades. Algunas personas tendrían que reorganizar toda su vida para aceptar estas ideas, una perspectiva aterradora para cualquiera, como tú mismo puedes recordar. Mantente abierto, permanece en el presente y escucha cómo la gente que te rodea adquiere mayores niveles de conciencia, porque a medida que crecen puede que te busquen para debatir estas ideas contigo.

«Probar» que los guías existen y que el proceso de canalización es «verdadero» presenta una serie de dificultades de gran alcance. Hemos aprendido que, al final, la prueba de cualquier cosa es lo que constituya una prueba para el individuo. Cuando aceptamos algo como verdadero, examinamos y comparamos las pruebas según nuestro propio criterio. Si supera nuestras comprobaciones, lo aceptamos como probado y basamos nuestra visión de la realidad o nuestras acciones en él. Todos los días aceptamos cosas en nuestra vida como probadas sin examinar los supuestos subyacentes. De hecho, no podríamos hacer nada si tuviéramos que dedicar tiempo y esfuerzo a «probar» toda información que nos llega.

A nivel individual, nuestras creencias determinan, literalmente, lo que es nuestro mundo. Aceptamos la existencia de los átomos sin haberlos visto nunca. Aceptamos informaciones sobre cualquier cosa, desde las condiciones de las autopistas hasta las noticias del mundo. Las aceptamos sin pedir pruebas, basándonos en la confianza de que las personas que proporcionan la información son observadores cuidadosos y entienden el tema lo suficientemente bien como para sacar conclusiones precisas. A menudo, cuando verificamos la información, descubrimos que sus conclusiones u observaciones difieren de las nuestras. En última instancia, nuestras propias experiencias como individuos son las que tienen más significado para nosotros.

Hay otras veces en las que nuestras creencias, sobre las que no hemos reflexionado durante mucho tiempo, ya no nos sirven. Creer que la tierra era plana impidió el descubrimiento de nuevos territorios durante muchos muchos años. La canalización es una de esas áreas sobre las que las creencias sociales no han reflexionado en mucho tiempo, pero que están empezando a ser reexaminadas por mucha gente como tú. La canalización desafía a la gente a examinar sus creencias sobre la naturaleza de la realidad y ofrece un gran potencial para ampliar la visión de la humanidad sobre lo que es posible. Pone a la gente en contacto con ideas que están en las fronteras de lo que la humanidad puede «probar» en este momento de su evolución. Estas ideas determinan la forma en la que nos vemos a nosotros mismos y forman la base de nuestra filosofía, religión y ciencia. Los cambios en estas ideas tienen el poder de provocar verdaderos cambios de paradigma para la humanidad. La canalización abre de forma inmediata nuestros esquemas de pensamiento para la transformación y la trascendencia de nuestras ideas sobre la vida después de la muerte, la vida inteligente en el universo, la naturaleza de la materia y la de los sistemas biológicos. Esto parece ser sólo un comienzo de las de las aperturas para el cambio que se podrían producir a través de la canalización.

La ciencia se utiliza a menudo como prueba de que algo es «real». En parte, esto se debe a la confianza que los científicos tienen en los hallazgos de sus colegas. Rara vez cuestionan algo más que las conclusiones extraídas de esos datos, confiando en la honestidad e integridad de sus colegas en la transmisión de información precisa. Esto es especialmente cierto si las conclusiones se ajustan a su propio punto de vista o a los de la sociedad. Estas conclusiones se convierten en supuestos subyacentes, y a menudo ocultos, en las que otros científicos basan sus estudios. A veces se descubre que las suposiciones subyacentes eran erróneas. Cualquiera que esté familiarizado con la historia de la ciencia ha visto que nuevas teorías, que más tarde se muestran como verdaderas y cambian en gran medida nuestra visión del mundo, a menudo han sido rechazadas por la ciencia establecida durante años, sin que se hayan examinado realmente las cuestiones implicadas.

Cuando los científicos analizan la canalización ocurre algo fascinante. Es una parte de lo que la ciencia ha llamado de un modo amplio «fenómenos paranormales». La palabra *paranormal* en sí misma es un problema. Lo paranormal se usa generalmente para describir cualquier fenómeno que está fuera de la realidad normal. Los científicos intentan definir la naturaleza de la realidad. Dado que la etiqueta de paranormal implica que algo no forma parte de la realidad normal, los fenómenos paranormales están claramente en desacuerdo con la lógica de los científicos desde el principio. Esto parece reflejarse en la típica respuesta de los científicos de que lo paranormal puede tanto ocurrir como no ocurrir, pero como no se puede explicar fácilmente, por el bien de la cordura, debe ser ignorado. Ambas son respuestas interesantes de personas cuya formación fomenta la exploración y, con suerte, que finalmente se pueda explicar lo inexplicable.

Al explorar nuevas áreas nos encontramos con lo desconocido. Muchos de nosotros respondemos a lo desconocido con aprensión. Cada individuo tiene sus áreas de miedo/entusiasmo; cada sociedad tiene sus áreas de miedo/entusiasmo. A veces hay presiones sociales en contra de mostrar estas áreas inexplicables al gran público. Sin embargo, a medida que lo desconocido se da a conocer, los miedos se superan y a menudo las nuevas ideas se acogen con entusiasmo.

Cuando comencé mis exploraciones de los temas de la Nueva Era, yo era un escéptico. Después de varias experiencias individuales distintas y una gran cantidad de información sobre la autoexploración durante varios años, el peso de la evidencia era demasiado grande para ignorarlo y mis creencias empezaron a cambiar. Empecé a darme cuenta de que, aunque mis experiencias no podían explicarse ni probarse científicamente, eran valiosas y, sorprendentemente, lo suficientemente coherentes y fiables como para utilizarlas. En resumen, producían resultados.

Dadas las dificultades para demostrar los fenómenos, tal vez sea más importante recordar el hecho observable de que la canalización, tal como la hemos definido, está contribuyendo positiva y significativamente en las actividades espirituales de la gente y del mundo real. Los canalizadores que hemos observado son muy productivos. De hecho, algunos son miembros prestigiosos de la sociedad. Muchos eran prósperos y exitosos antes de emprender conscientemente la canalización y la utilizan de muchas maneras, como indican sus testimonios. Hay personas que se volvieron más exitosas después de comenzar a canalizar y pusieron sus vidas en orden.

Tal y como mi lado científico ve la canalización ahora, aunque «sé» mucho sobre el tema, todavía no puedo probarla científicamente. Hay suficientes evidencias circunstanciales e indirectas para probarme que algo está sucediendo, algo que no podemos explicar desde nuestra perspectiva actual de la realidad. Puedo observar que produce resultados positivos de forma constante. Pero he dejado de intentar «probar» que la canalización es real y ahora uso un enfoque más orientado a los negocios: «Si funciona, úsalo».

SANAYA Y DUANE   Algunos de vosotros estaréis preparados antes que otros para hacer pública vuestra canalización. Escuchad vuestros propios sentimientos al respecto y no sintáis que debéis ofrecer vuestras lecturas a otros antes de tiempo. Las personas que salen a la luz a lo grande rápidamente suelen tener experiencia previa como consejeros o sanadores y están acostumbrados a hablar con otros y ayudarlos.

A una mujer, Julie, que había hecho trabajo corporal y asesoramiento profesional, se le pidió que diera una charla en la escuela local femenina. Como consejera profesional, había dado charlas sobre temas de su elección a un grupo de mujeres que ella consideraba bastante conservadoras. Acababa de empezar a canalizar el mes anterior, y su guía la instó a compartir sus recientes experiencias de canalización. Al principio ni siquiera se planteó hacerlo porque no quería crear rechazo o que le dijeran que se estaba pasando de la raya. Le dijo a su guía: «No», y planificó un discurso estándar. En el último momento, sentada frente a la sala, se produjo un cambio en su interior. Decidió arriesgarse y confiar en su guía, y hablar a las mujeres de su canalización. La respuesta fue sorprendente. Las mujeres estaban fascinadas y querían aprender todo lo que pudieran. Lejos de ser frías o escépticas, les encantó el tema. Muchas de ellas empezaron a hablar de experiencias propias que habían mantenido en secreto porque temían que los demás se rieran de ellas. Julie dijo que la cercanía y la calidez resultantes superaban todo lo que había experimentado antes.

Con esta respuesta como estímulo, decidió celebrar reuniones mensuales en su casa y canalizar a su guía, Jason, para sus clientes. Su guía elegía temas cada semana y canalizaba sobre ellos para un grupo de personas. A partir de estas canalizaciones comenzó a escribir un libro, mientras que cada vez más personas continuaron acudiendo a su casa. Su consulta privada se hizo tan grande que tuvo que encontrar la manera de encargarse de todas las personas que querían verla. Estudiando con Duane, también aprendió a ver con clarividencia. Ha trabajado con nosotros y ha ayudado a muchos alumnos en el curso de apertura a la canalización a armonizar sus energías.

Julie estaba lista para canalizar en público gracias a todos los años de experiencia que tenía en asesoramiento e impartiendo clases. Haz lo que te resulte más cómodo, sé paciente. Tu trabajo con tu guía se desarrollará a su velocidad natural.

Tu relación con otros canalizadores

ORIN Y DABEN Hay muchos de vosotros que os estáis abriendo a la canalización, y es importante apoyar y animar a otros en sus aperturas. Cada uno tenéis una valiosa contribución que hacer. Cuando os abrís a la canalización, os convertís en parte de la gran comunidad de todas las demás personas que están canalizando. A medida que todos pensáis y actuáis de nuevas maneras, estáis difundiendo formas de pensamiento más elevadas y amorosas por todo el mundo. La forma sigue al pensamiento. Los cambios reales ocurrirán en la tierra a medida que más y más de vosotros abráis y refinéis vuestra canalización a dimensiones más elevadas y llevéis ese aumento de luz a través de vuestra vida diaria. En las esferas superiores son muchas las cosas que se logran trabajando juntos con un grupo de personas afines. A medida que más de vosotros os abrís, formáis un entramado de luz alrededor del planeta, creando un potencial más elevado para la humanidad. A través del trabajo conjunto, el apoyo y el empoderamiento, cada uno de vosotros será impulsado aún más allá en cualquier dirección en la que se encuentre.

Celebra los éxitos ajenos: mantén una visión positiva
y elevada de los demás.

Puede que te pregunten qué piensas de los guías de los demás. Hay muchas perspectivas para cada tema. Parte de tu crecimiento consistirá en encontrar la perspectiva más elevada que puedas sobre cualquier tema en tu vida. Cuando alguien te pregunte por un guía, en lugar de juzgar si el guía es bueno o malo, a menos que tengas una opinión muy fuerte de una manera u otra, pregunta: «¿Sobre qué información concreta quieres que te demos mi guía o yo nuestra opinión?». Luego responde comentando esa información. Si la información te llega mediante trasmisión, intenta conocer exactamente lo que ha dicho el guía. Incluso los mejores guías dirán de vez en cuando cosas que no sabes, o con las que no estás de acuerdo, o acerca de las cuales tienes una perspectiva diferente. Esto simplemente significa que estás siguiendo tu propia experiencia como deberías, no que el guía esté equivocado. Utilizar este enfoque te ayudará a evitar que sientas que tienes que «empujar» a otros guías en el marco correcto o incorrecto, y en cambio te permitirá responder con tu perspectiva o la de tu guía sobre el tema.

A menudo la gente cree que no tiene sentido difundir su trabajo, escribir su libro o impartir sus clases, porque muchos otros ya están haciendo cosas similares. En cambio, nosotros creemos que cada persona que difunde su trabajo está haciendo que sea mucho más fácil para ti sacar a la luz el tuyo. Hay un gran plan de evolución de la humanidad, y cada uno de vosotros tiene una parte especial en él. Una persona sola no podría crear el cambio a la conciencia superior que está ocurriendo. Cada uno de vosotros tiene una valiosa contribución que hacer.

No dejes que te frene la cantidad personas que hacen lo que parece ser lo mismo que tú quieres hacer. Siempre hay espacio para otro buen libro. Aunque se hayan escrito varios libros sobre un tema, escribe el tuyo hoy si tienes la necesidad de hacerlo. Tu mensaje, la forma de decirlo y la energía de ese trabajo llegarán a un grupo diferente de personas que los de los libros de otro autor. Si descubres que alguien está enseñando un tema similar a lo que tú quieres enseñar, imparte tu clase de todos modos. Llevará tu energía, llegará a las personas que necesitan tu enseñanza y las abrirá de una manera única. Hay personas interesadas más que suficientes para que cada uno de vosotros tenga sus clases llenas, se compren sus libros y un gran respaldo a tus servicios y productos.

Para crear una nueva forma de pensamiento, es necesario que muchas personas de todos los ámbitos de la vida, en muchos campos diferentes, emitan mensajes similares. Cuantas más veces se encuentre con una idea la gente, especialmente se formula de diferentes maneras por diferentes personas, más real será esa idea para ellos. A medida que se vuelve más real, se crea un cambio de conciencia para muchas otras personas. Ve a por ello, y haz que tu trabajo llegue al mundo si ése es tu verdadero deseo.

17 | CANALIZAR, EL
MOMENTO ES AHORA

La canalización en el pasado

SANAYA Y DUANE   No es la primera vez que ha existido un interés en conectar con entidades de otros planos. A continuación te ofrecemos información básica sobre algunos canalizadores conocidos y un esbozo de lo más destacado en la historia reciente de la canalización. Hay muchos canalizadores excelentes en la actualidad, y te animamos a que sigas tus intereses mientras exploras sus libros, clases, audios y vídeos como forma de aprender más sobre la canalización y los guías. En el pasado, quienes conectaban con los espíritus se llamaban a sí mismos «médiums». Los que entraban en trance para establecer conexiones con los espíritus se llamaban a sí mismos «médiums de trance». Esta descripción ha sido sustituida por la palabra «canalización».

A mediados del siglo XIX hubo un enorme interés público por el fenómeno de la comunicación con los espíritus. Las mesas giratorias, la telequinesis (el movimiento de objetos por una fuerza invisible), las materializaciones (apariciones temporales y visibles de rostros, ojos, cabezas o cuerpos completos de espíritus), la le-

261

vitación (la elevación de objetos por una fuerza invisible) y muchos otros sucesos inexplicables se producían de forma habitual. La comunicación con los espíritus se convirtió en un tema tan popular que está documentado que en 1862., Nettie Colburn, una joven y poderosa médium de trance, visitó la Casa Blanca es impartió lectura en trance al presidente Abraham Lincoln en la víspera de su proclamación antiesclavista.

A John Fox y a las hermanas Fox se les atribuye la activación del tremendo interés por el mundo de los espíritus e iniciar el Movimiento Espiritualista a mediados del siglo XIX. Aparentemente comenzó cuando se mudaron a una casa y escucharon constantes golpes y ruidos. Una noche, tratando de encontrar alivio a los ruidos, la señora Fox preguntó si había una presencia y, en caso afirmativo, si golpearía dos veces para el sí y una para el no. Inmediatamente estableció comunicación con un espíritu. A través de los golpes de sí y no, se supo que era un hombre de treinta y un años, antiguo inquilino de la casa, que afirmaba que había sido asesinado y que su cuerpo estaba en el sótano. Al cabo de varias semanas, cientos de personas acudían a escuchar los ruidos. Se encontró un esqueleto en el sótano exactamente donde él dijo que estaría. La señora Fox tenía tres hijas, conocidas como las hermanas Fox. Dondequiera que fueran, se escuchaban los golpes, y las hijas se convirtieron en médiums e hicieron muchas sesiones públicas. Después de que se convirtieran en médiums, muchas personas conocidas asistieron a las sesiones, y las hermanas Fox se convirtieron en tema de interés público. Cabe destacar que muchos de los que acudieron a ver a las hermanas Fox se convirtieron en médiums. Parece que el mero hecho de estar cerca de ellas desencadenó aperturas en otros.

Muchos otros médiums, como se les llamaba entonces, llamaron la atención del público. Daniel Douglas Home fue considerado uno de los de los mejores médiums físicos, ya que podía producir levitaciones, música sin instrumentos y toda clase de manifestaciones telequinéticas. En ocasiones se podían ver manos fantasmas, así como otras manifestaciones visibles de espíritus. Fue estudiado por algunos de los principales científicos de la época, varios de los cuales casi perdieron su reputación y su estatus debido a sus posteriores declaraciones escritas que verificaban la realidad de esos fenómenos. Varios de estos científicos se convirtieron posteriormente en médiums. Home también tenía la capacidad de transmitir sus talentos especiales a las personas de su entorno siempre que tuvieran fe. En una ocasión, transmitió su inmunidad al fuego poniendo un carbón al rojo vivo en la mano de una mujer mientras él le sostenía la mano. Ella dijo que la notaba fría, como el mármol. Segundos después, sin su ayuda, fue a tocarlo se retiró inmediatamente, diciendo que le quemaba.

El reverendo Stainton Moses fue otro conocido médium que produjo muchas manifestaciones físicas documentadas, como la levitación de mesas. Mientras canalizaba los escritos inspiracionales de su de su guía, estaba consciente y se preocupaba de que sus pensamientos no influyeran en la escritura automática. Escribió: «Es un tema interesante para la especulación si mis propios pensamientos entran en el tema de las comunicaciones. Me esforcé extraordinariamente por evitar tal intromisión. Al principio, la escritura era lenta y necesitaba seguirla con la vista, pero incluso entonces los pensamientos no eran mis pensamientos. Muy pronto, los mensajes asumieron tal carácter que yo no tenía ninguna duda de que el pensamiento era opuesto al mío. Pero yo cultivé el poder de ocupar mi mente con otras cosas mientras escribía». Stainton Moses canalizó orientaciones elevadas e inspiradoras que contribuyeron mucho a la credibilidad de la guía espiritual.

Perdió su habilidad para llevar a cabo las canalizaciones de vez en cuando debido a una enfermedad recurrente.

Andrew Jackson Davis tuvo un gran impacto en el espiritismo con su libro *Principles of Nature, Her Divine Revelations*. Una noche salió de su cama, en un semitrance, y se despertó al día siguiente a cuarenta kilómetros de distancia, en las montañas. Dijo que se encontró con dos filósofos, ya fallecidos, que le ayudaron a alcanzar un estado de iluminación interior. Luego pasó quince meses dictando esta gran obra, que cubre muy diversos temas. Contiene información sorprendente, de gran alcance, gran parte de la cual se demostró que era cierta por medios científicos. Por ejemplo, los escritos revelaron cosas que él no podía saber, como la afirmación de que había nueve planetas, en una época en la que se pensaba que había que había siete, con la posibilidad de un octavo que sólo se sospechaba.

La señora Piper fue otra conocida médium de la época y quizás una a las más pruebas se le hicieron. Comenzó a canalizar cuando tenía veintidós años, transmitiendo a través de un guía durante ocho años antes de que llegara otro. Sus guías eran capaces de dar a la gente muchos detalles precisos de su pasado, cosas que ella no podía conocer, aunque parecía tener problemas para dar fechas e información específica cuando estaba siendo sometida a pruebas. Cabe destacar que incluso a los canalizadores más conocidos les resultaba difícil dar nombres o fechas cuando están siendo sometidos a pruebas, pero sí que eran capaces de dar información detallada sobre lo que su guía consideraba importante o que contribuía a la vida de las personas y al crecimiento espiritual.

La señora Piper fue examinada por un tal doctor Hodgson, que se convirtió en una especie de Sherlock Holmes para el mundo psíquico, probando y verificando la exactitud de los médiums. La hizo seguir día y noche para asegurarse de que no obtuviera información secreta sobre la gente. Ella impartía lecturas desde detrás de una cortina para no poder ver a las personas, que fueron identificados a ella sólo como Smith. Una y otra vez su información detallada sobre la gente fue documentada y la exactitud verificada. Con el tiempo, sus primeros guías se marcharon y, más tarde, recibió el asesoramiento de una fuente que se identificó como el Grupo Imperator. Es llamativo que, a medida que avanzaba hacia guías cada vez más elevados, el proceso de entrar en trance, que antes había sido difícil para ella, se convirtió en una tranquila, pacífica y fácil transición.

En la misma época, el francés Alan Kardec produjo muchos libros sobre la comunicación con los espíritus, entre ellos *El libro de los espíritus,* que todavía se imprimen hoy en día. Si deseas leer más sobre la historia temprana de la canalización, un libro llamado *An Encyclopaedia of Psychic Science*, escrito por Nandor Fodor en 1934 y recientemente actualizado, puede serte de gran ayuda.

Una de las médiums más influyentes y controvertidas de esos tiempos fue *Madame* Helene Blavatsky, conocida como HPB. Nacida en 1831 en Ucrania, viajó a lugares como Inglaterra, Canadá, la India y Grecia, y los fenómenos físicos inusuales la acompañaron dondequiera que fuese. Se le unió Henry Olcott, y juntos formaron la Sociedad Teosófica. Su primer libro, *Isis sin velo,* un clásico aún hoy en día, discute el renacimiento de las religiones antiguas y las identifica como las fuentes subyacentes de las religiones de su época. Se sentía inspirada por una jerarquía secreta de maestros del Himalaya y trabajaba con ellos, incluyendo a los maestros Morya, Kut Humi y el maestro tibetano Djwhal Khul. Estos maestros enviaron muchas cartas a su amigo, A. P. Sinnett, en la India, así como a varios otros, que se conocieron como las cartas de los Mahatmas. Las cartas caían del techo o aparecían en platos o en bolsillos. Hubo mucha controversia sobre si estos maestros realmente existieron o no, y si ella, y no ellos, era quien había escrito las cartas. Más tarde, dijo que estos maestros del Lejano Oriente le habían dictado su principal libro, *La doctrina secreta*. En él se afirma que todas las religiones y los sistemas de creencias ocultas provienen de una sola fuente. Se cree que la fuente está oculta en un lugar secreto y se revela sólo en símbolos crípticos y arcanos.

La Sociedad Teosófica, de gran prestigio, sigue existiendo hoy, y HPB ha tenido un papel muy influyente en la creencia en los grandes maestros. Su trabajo lo continuaron Annie Besant y Charles Leadbeater, quienes produjeron libros a principios del siglo xx sobre muchos temas esotéricos, incluyendo las formas de pensamiento, la clarividencia, el karma, los chakras, los guías espirituales, y muchos más.

En el año 1919, una joven muy comprometida llamada Alice Bailey comenzó a recibir información del maestro tibetano Djwhal Khul y tomaba dictados diarios de él, produciendo toda una serie de libros que contenían mucha información esotérica valiosa. Ella fundó su propia asociación teosófica, que rebautizó como la Escuela Arcana en 1923. Creó toda una serie de organizaciones, como Triangles, una red mundial de meditación, la Lucis Trust y la editorial Lucis Press para publicar sus libros. Los libros describen el camino de un iniciado, la jerarquía de los maestros y la Hermandad Blanca, y las iniciaciones que uno experimenta a medida que avanza para convertirse en un maestro. Se hace hincapié en el servicio mundial. El término «Nueva Era» se derivó de sus escritos.

Después de la Primera Guerra Mundial, la depresión nacional y el énfasis en la tecnología y la ciencia, el entusiasmo anterior del público disminuyó y el espiritismo dejó de ser noticia de primera plana. El pensamiento lógico, del hemisferio izquierdo, se volvió dominante con una oleada de invenciones científicas.

Edgar Cayce, llamado el «profeta durmiente», fue responsable de crear un renovado interés nacional en el fenómeno de la canalización a mediados del siglo XX. Cuando era hipnotizado, podía transmitir información asombrosa, incluyendo curas médicas para personas a miles de kilómetros de distancia. Dio profundas conferencias filosóficas sobre varios temas que están contenidos en muchos libros sobre su obra y su vida. Se dedicó a servir a la humanidad, y la Fundación ARE continúa su importante trabajo hoy en día. Sus fórmulas de curación y sus canalizaciones están archivadas y aún disponibles para el público en la sede de la fundación en Virginia Beach, Virginia.

Recientemente, Jane Roberts les ha abierto a muchos los ojos al valor de la información canalizada de calidad. A partir de los años sesenta, ella y su guía Seth canalizaron volúmenes de información y debates filosóficos sobre muy diversos temas. Sus libros están bien escritos, son informativos y veraces sobre muchos temas metafísicos y esotéricos. Capacitan al individuo para creer en sí mismo y aceptar que cada persona tiene el poder interior de crear lo que desee. Uno de sus libros más populares, *The Nature Personal Reality,* explica la naturaleza de la realidad y destaca nuestra capacidad para cambiar los resultados cambiando nuestras creencias. Sus libros establecen un estándar de calidad e integridad para la información canalizada y abrieron a muchas personas a la posibilidad de guías, además de inspirar a mucha gente a querer canalizar ellos mismos.

Cabe destacar que cada vez son menos los médiums capaces de producir fenómenos físicos como materializaciones de los guías y movimientos de mesas. Cuando se les preguntó sobre esto, Orin y DaBen nos dijeron que estas manifestaciones habían sido necesarias en épocas anteriores para despertar a la humanidad a su capacidad de conectarse con otros planos de la realidad y para ayudar a establecer la creencia en los guías y en la vida más allá de la muerte. Estos fenómenos vívidos, científicamente verificables y fotográficamente documentados eran necesarios para despertar a la gente y establecer el escenario para el siguiente nivel de desarrollo de la humanidad en esta área. Ahora ya hay gente suficiente que cree en la canalización, por lo que los eventos espectaculares ya no son tan necesarios como antes. Algunos conocidos canalizadores de hoy en día que hacen presentaciones espectaculares de sus guías, se han ofrecido a hacerlo así para ayudar a la gente a creer que los guías son reales. Se necesita mucha energía de los guías para crear estos fenómenos, y ahora esta misma energía se está utilizando para llegar cada vez a más personas. Orin y DaBen nos dicen que la canalización consciente es la siguiente etapa en las habilidades de la humanidad para canalizar.

Canalizar: El momento para la humanidad es ahora

ORIN Y DABEN Cada vez son más los que están despertando a sus conexiones con la mente universal y con su yo superior. Están tomando conciencia de las esferas elevadas del universo. A lo largo de la historia registrada, siempre ha habido personas en contacto con mundos más allá del universo conocido. Se les ha llamado de diversas maneras: chamanes, curanderos, videntes, profetas, oráculos, psíquicos, médiums, canalizadores y sanadores. Sin embargo, sólo en los últimos 150 años un número significativo de personas ha sido capaz de llegar más allá el plano terrestre y transmitir la orientación de las esferas elevadas. La energía que les permite llegar a estas esferas elevadas se ha intensificado en los últimos cincuenta años, como lo demuestra la oleada de inventos científicos y tecnológicos.

*Tienes la capacidad de ver y conectar con realidades
más allá del universo visible y conocido.*

Muchas almas elevadas eligen encarnarse en este momento; su número ha aumentado durante los últimos sesenta años y sigue haciéndolo. A medida que más y más personas creen la canalización y en la facultad intuitiva, habrá un aumento de aquellos que están abiertos a estos niveles y que nacen con habilidades psíquicas, telepáticas y extrasensoriales.

Cada vez más gente se abriendo a la canalización.

Éste es un momento en el que quien dedique su energía a crecer espiritualmente será recompensado en abundancia. Será capaz de evolucionar rápidamente porque la tierra está energizada en este momento. Puede adquirir la capacidad de alcanzar nuevos niveles de conciencia y atraer información y datos de las esferas elevadas de forma consciente y controlada. La capacidad de explorar el ser como existe en otras dimensiones y medios es más posible que nunca. Más personas que nunca poseen la capacidad de canalizar, explorar futuros alternativos y probables, moverse hacia nuevos entendimientos y conceptos del tiempo, controlar la mente y el inconsciente y acceder a los poderes de su supraconsciente. A medida que más personas viajan a otras dimensiones y esferas elevadas, se crea una puerta para muchos más que no habrían podido hacer tales viajes.

No es casualidad que todo esto esté ocurriendo ahora. Hay muchas fuerzas que están afectando a la humanidad. Se están producing cambios en dimensiones más allá de la tierra; se están creando puertas a otros planos de la realidad que nunca antes habían sido accesibles a las personas. Dos dimensiones se están cruzando y se están moviendo juntas de tal manera que cualquiera que lo desee puede acceder a elevadas dimensiones superiores que antes sólo eran fácilmente alcanzables por unas pocas personas con una sensibilidad excepcional. Aunque estos cambios los sienten más aquellos que están en contacto con su yo espiritual, afectan a todo el mundo en cierta medida.

Hay un aumento continuo de la vibración de la tierra. Algunos pueden percibirlo como una aceleración. La naturaleza del tiempo está cambiando; se está pasando de un tiempo lineal a un sentido más intuitivo del tiempo. La gravedad se está alterando ligeramente y se están produciendo cambios en las frecuencias electromagnéticas de la tierra.

Durante los últimos 150 años habéis estado desarrollando nuevas percepciones llamadas «extrasensoriales». Estas percepciones incluyen la precognición (la capacidad de conocer el futuro), la telepatía (transferencia de pensamientos) y la clarividencia (la capacidad de ver energías que normalmente son invisibles, que posiblemente ocurren en otro plano de la existencia). Estas facultades se están desarrollando debido a la activación de vuestro centro espiritual y los cambios terrestres. Estos cambios terrestres afectarán a muchas personas y cambiarán definitivamente el potencial y la dirección de su futuro colectivo.

La telepatía te permite explorar mundos invisibles. Todos vosotros tenéis más capacidad telepática de la que imagináis. La telepatía es la capacidad de recibir impulsos de pensamiento de otras personas, y la capacidad de transferir pensamientos de una dimensión o realidad a otra. A medida que tu capacidad telepática evoluciona, desarrollas un vehículo que te lleva a lugares de forma más rápida y eficaz que los aviones o los coches. La telepatía te da la capacidad de viajar a lugares que no son accesibles a través de cualquier otro medio.

Vuestros ojos sólo pueden ver el espectro del arcoíris, y a menudo olvidan que hay muchas frecuencias electromagnéticas, como las frecuencias infrarrojas y ultravioletas, que están justo fuera de la gama que detectáis con vuestros ojos. Algunos de vosotros estáis desarrollando la capacidad de percibir frecuencias sutiles más allá del rango de vuestros sentidos normales. En estas frecuencias es donde os percibís los guías y las esferas donde existen otras entidades vivientes como nosotros. Vuestra creciente conciencia telepática os proporciona la capacidad de comunicaros con otras formas de vida, como las plantas y los cristales, y con seres de otras esferas, a medida que afináis vuestra conciencia. La creencia en la capacidad de alcanzar estas dimensiones aún no está muy extendida, pero cada vez se cree más en todo el mundo en la posibilidad de que existan dimensiones más allá de la propia tierra, así como la creencia en la vida más allá de la muerte. La disposición a abrirse a la posibilidad de guías espirituales ha aumentado enormemente, y el entusiasmo y la emoción que prevalece hoy en día en torno a la canalización y los guías espirituales hace que sea mucho más fácil para los que tienen el deseo de conectarse conscientemente con sus guías. Hay más confianza en la en la información que llega a través de la conciencia extrasensorial que en el pasado.

La edad de oro del hombre está llegando.

Las energías que golpean la tierra ahora mismo energizarán y activarán lo que sea que estés centrado. Para aquellos de vosotros que sois sensibles y que ya estáis centrados en vuestro camino espiritual, estas nuevas energías harán que las cosas funcionen mejor que nunca. Os abriréis y vuestras relaciones mejorarán. Puede que vuelvas tu mirada hacia tu interior y que encuentres las respuestas que has estado buscando. Puede que pases por algunos momentos temporalmente difíciles mientras dejar ir lo viejo y recibes lo nuevo. Muchos de vosotros ya habéis pasado por este período de ajuste. Al otro lado hay una vida mejor, llena de más abundancia, amor y éxito. Aprecia las enseñanzas que te están llegando, y que sepas que te están preparando para manejar una vibración más elevada.

Puede que aún veas a otros con dolor o dificultades. Puede que aún leas acerca de acontecimientos mundiales perturbadores. El desafío al alcanzar estos dominios elevados es recordar que tu equilibrio vendrá ahora de una conexión con las esferas elevadas, en lugar del contacto con otras personas. Al abrirte a la canalización, podrás proporcionar equilibrio y estabilidad a los demás. Es importante ayudar a aquellos que veis que tienen dificultades para adaptarse a las nuevas vibraciones, en lugar de quedar atrapado en sus miedos. Al abrir tu canal, serás tú quien sostenga la luz, llevando aliento y orientación a los demás. Es un tiempo de grandes oportunidades. Algunas de las más grandes expresiones musicales, artísticas, literarias y culturales de la humanidad están por venir, y se producirán bajo la influencia de esta vibración elevada.

Encuentra tu tiempo para empezar

SANAYA Y DUANE Han pasado varios años desde que Orin y Da-Ben sugirieron por primera vez que enseñáramos a canalizar. Hemos observado cómo cientos de personas adquirían el control de su vida al conectarse con sus guías o su yo fuente, despertando a sus maestros internos y descubriendo sus habilidades para transformarse a sí mismos y a los demás. Hemos visto a personas tener éxito con su vida, ser más felices, más prósperas y descubrir su propósito de la vida a través de la canalización. Nuestras propias experiencias con la canalización han enriquecido enormemente nuestra vida. Hemos encontrado en Orin y DaBen fuentes constantes de amor, guía y crecimiento.

Según nuestra experiencia y la de otros, la canalización es una habilidad que se puede aprender. Los guías acuden a quienes solicitan la conexión. Orin y DaBen tenían razón. Hemos experimentado una profunda satisfacción al observar y ayudar a los demás a abrirse a la canalización. Es posible obtener la iluminación, alcanzar la conciencia elevada que desean. La canalización es uno de los caminos, y estamos agradecidos por tener la oportunidad de ofrecértelo.

Antes de dejar este libro, decide cuándo quieres abrirte para canalizar y conectar con tu guía. Cierra los ojos, siéntate tranquilamente y pide a tu ser superior que te dé una fecha en la que puedas empezar. Puede ser hoy o dentro de un año. Una vez que tengas una fecha en mente, pregúntate si tienes la intención de canalizar para entonces. ¿Es demasiado pronto o te da más tiempo del que necesitas para estar preparado? Sigue imaginando fechas hasta que tengas una que te parezca mejor. Abre los ojos y marca esta fecha en un calendario, luego olvídala. Tu ser elevado comenzará ahora a propiciar todas las circunstancias, coincidencias, oportunidades de crecimiento y eventos necesarios para que esto ocurra. A medida que sigas y actúes según tus mensajes internos, todo lo que hagas te preparará para abrirte a la canalización.

Índice